Du même auteur, aux éditions Leduc.s

Apprendre à lâcher prise, c'est malin, 2014

Le secret du bonheur permanent, 2013

Maquette : Émilie Guillemin

Illustrations : Guylaine Moi (nénuphar et horloge 5 minutes), Fotolia

Deuxième impression (mars 2018)

29 boulevard Raspail

75007 Paris – France

ISBN : 979-10-285-0438-0

ISSN : 2425-4355

C'EST MALIN
POCHE

CÉCILE NEUVILLE

LÂCHER PRISE EN 5 MINUTES PAR JOUR

BONUS
Téléchargez 7 méditations guidées pour le soir.
Rendez-vous p. 191.

LEDUC.S
PRATIQUE

À mes parents, mon homme et mes merveilleux enfants, mes principales sources d'inspiration du lâcher-prise au quotidien.

Aux chercheurs et acteurs de la psychologie positive, mes principales ressources théoriques et pratiques sur l'art du lâcher-prise.

À toutes les personnes qui veulent s'engager dans une vie plus libre, légère et sereine, une vie plus épanouie, riche en émotions positives et en expériences enthousiasmantes, une vie pleine de sens.

SOMMAIRE

INTRODUCTION : LE LÂCHER-PRISE, KÉSAKO ?

UN ART À LA PORTÉE DE TOUS

Nous avons tous en nous la capacité de lâcher prise, et nous y parvenons d'ailleurs chaque jour sans même nous en rendre compte. N'avez-vous jamais eu envie d'aller à un endroit, alors que la personne à vos côtés préférait se rendre à un autre et, pour lui faire plaisir, vous avez lâché prise sur votre envie pour la suivre là où allait sa préférence ? Ne vous est-il jamais arrivé de vivre une déception et, pourtant, de vous remettre sur pieds quelques minutes, heures ou jours plus tard ? Ou encore de servir un plat, présenter un projet, rendre un devoir, en ayant la sensation qu'il n'était pas encore parfait, mais, en lâchant prise, vous avez finalement décidé de vous lancer ? Vous êtes capable de lâcher prise, vous le faites très souvent ! Maintenant, nous allons voir, au travers de ce livre, comment y parvenir encore plus facilement, rapidement et consciemment.

VOTRE CARNET DE LÂCHER-PRISE

Pour vous accompagner tout au long de ce parcours d'apprentissage vers une vie plus sereine, un « carnet de lâcher-prise » peut devenir votre meilleur allié. Si l'idée vous tente de prendre des notes personnelles à mesure des pages, de regrouper les réponses aux questions qui vous seront posées et vos conclusions suite à la mise en pratique des exercices proposés, choisissez bien votre support. Que ce soit un carnet en version papier ou sous forme numérique, veillez à pouvoir y accéder facilement à chaque fois que vous vous offrirez vos moments d'introspection. Et si vous optez pour la version papier, prévoyez aussi un beau stylo, avec lequel vous prendrez plaisir à écrire !

LÂCHER PRISE DANS TOUS SES PILIERS DE VIE

Pour beaucoup, le lâcher-prise reste une notion très abstraite, pourtant, ce concept peut être illustré par des exemples très concrets de la vie quotidienne.

Pour cela, reprenons les bases de la Méthode des piliers de vie que j'ai créée et appuyons-nous sur les neuf piliers sur lesquels repose notre quotidien.

- Dans sa vie personnelle, lâcher prise, par exemple, sur la culpabilité à se faire plaisir, sur son « indispensabilité », son mental...
- Dans sa vie amoureuse, lâcher prise, par exemple, sur sa vision de l'homme ou la femme idéal(e), du couple parfait, de la jalousie ou des relations sexuelles...
- Dans sa vie familiale, lâcher prise, par exemple, sur la pression familiale, l'interdépendance familiale, les jeux de domination ou les relations vraiment désagréables...
- Dans sa vie sociale, lâcher prise, par exemple, sur les amitiés éternelles, les amitiés exclusives, le besoin d'être aimé à tout prix, les attentes excessives des autres...

- Dans sa vie professionnelle, lâcher prise, par exemple, sur la pression professionnelle, les relations professionnelles épuisantes, les « échecs » professionnels...
- Dans son hygiène de vie, lâcher prise, par exemple, sur la fatigue, le stress, les symptômes récurrents ou une maladie persistante, les complexes...
- Dans sa gestion du quotidien, lâcher prise, par exemple, sur la pression financière, la pression du temps, l'impatience, le besoin de tout contrôler, le perfectionnisme...
- Dans les actions pour le monde, lâcher prise, par exemple, sur les imperfections de notre société, les médias, la politique, l'injustice, les inégalités, le sentiment d'impuissance...
- Dans son épanouissement personnel, lâcher prise, par exemple, sur les regrets, les remords, les traumatismes, le regard des autres, ses défauts, ses croyances, ses peurs, ses pulsions émotionnelles, la peur de réussir, la peur d'échouer, la peur de l'avenir...

Autant de thèmes qui seront abordés dans ce livre. Le monde ne s'est pas fait en un jour, et l'idée n'est pas de parvenir à *tout* « lâcher » du jour au lendemain. Petit à petit, l'oiseau fait son nid, alors prenez votre temps et suivez le guide pas à pas.

LE PROTOCOLE DE LA MÉDITATION POSITIVE

Qu'est-ce que la méditation positive ?

Une méditation est une pratique proposant de porter toute son attention sur un même centre d'attention : le calme, la paix, l'amour, l'équilibre, le centrage, etc. Dans certaines religions, philosophies, pratiques spirituelles ou de développement personnel, cette méditation peut porter sur un principe philosophique, sur soi-même, sur le passé, le présent ou l'avenir, sur le monde animal, végétal ou sur l'humanité, sur un concept ou même sur l'absence de concept. Nous pouvons donc choisir l'objet de notre attention qui sera au cœur de toute méditation. En méditant, nous permettons à nos pensées de ralentir, à notre esprit de se vider, de se calmer, de s'apaiser ou bien de s'ouvrir, de s'élargir, selon notre intention.

Une méditation positive invite donc à porter son attention sur une intention positive : pour soi-même, au niveau mental, émotionnel, physique ou spirituel, pour ses relations, pour les autres, pour le monde, et ce, pour transformer ou pour renforcer de façon positive, dans son esprit, ce qui est passé, présent ou à venir.

De nombreuses recherches scientifiques, particulièrement dans le domaine des neurosciences, ont désormais prouvé les différents bienfaits de la méditation : sur le cerveau, notre capacité d'attention, notre capacité à lâcher prise, à faire avec, sur notre santé aussi, diminuant notre stress, nos tensions physiques, nos douleurs, parfois même nos symptômes physiques ou psychologiques, comme la dépression, favorisant notre bien-être physique, psychologique et émotionnel.

Proposition de protocole de méditation positive

Avant tout, précisons qu'il s'agit bien d'une proposition de protocole, donc vous restez libre et êtes même invité à adapter ce protocole en fonction de vos habitudes, de vos envies et de vos besoins.

1. Choisir un moment précis dédié à ce temps de méditation

Ce moment peut être ritualisé chaque jour, chaque semaine, voire plusieurs fois par jour.

Mais il peut aussi être choisi spontanément quand vous en ressentez le besoin ou l'envie, pour vous apaiser sur le moment ou tout simplement pour profiter d'un lieu, d'un instant ou d'un sentiment particulier. Clarifiez dès le début la durée de cette méditation : soit un temps déterminé et, dans ce cas, prévoyez un petit son de rappel une fois le temps écoulé ; soit un temps illimité et, dans ce cas, ne prévoyez rien dans les heures qui suivent, car une méditation peut couper tout repère de temps et durer bien plus que ce que l'on prévoyait sans que l'on s'en rende compte.

2. S'installer dans les meilleures conditions possibles

Si, pour certains, le silence est essentiel, pour d'autres, un bruit de nature, une petite musique douce ou même un endroit bruyant peuvent accueillir la méditation. Il est préférable de couper les téléphones et/ou ordinateurs, de s'isoler et, éventuellement, de prévenir que vous prenez quelques instants pour vous, en demandant à ne pas être interrompu. Choisissez un endroit qui vous est agréable, installez-vous confortablement, en position assise, debout ou couchée, du moment que vous veillez à bien aligner votre colonne vertébrale, à maintenir le tonus juste utile pour garder cette position et à relâcher l'ensemble de tous les autres muscles autour.

3. Prendre trois profondes respirations

Prenez une profonde inspiration par le nez avec l'intention de remplir au maximum votre ventre, en ouvrant le plus possible votre cage thoracique jusqu'à vos épaules et votre cou de façon à laisser entrer le maximum d'air dans vos poumons. Puis expirez doucement par la bouche un petit filet d'air pour vider progressivement vos poumons, en rabaissant tout d'abord votre thorax, puis votre ventre, jusqu'à venir contracter vos abdominaux comme si vous vouliez que votre nombril vienne toucher votre colonne vertébrale. Prenez une deuxième profonde respiration en suivant ce modèle, puis une troisième. Il est possible que vous sentiez comme un étourdissement, que vous ressentiez plus fortement vos battements de cœur ou votre circulation sanguine. Tout va bien ! Vous oxygénez votre corps et lui faites ainsi un très beau cadeau.

4. Fermer les yeux ou fixer un point précis

Certains préfèrent fermer les yeux pour mieux se centrer sur eux-mêmes, sur l'instant présent, et limiter toute perturbation visuelle à ce moment de concentration intense. D'autres préfèrent fixer un point précis droit devant eux, voire à l'horizon, ayant ainsi la sensation d'avoir une vision plus large sur le monde. Il est même possible de commencer par fixer un point, puis de fermer les yeux, si vous le ressentez ainsi, ou inversement. Écoutez votre corps et votre intuition pour profiter au mieux de cette séance.

5. Se concentrer maintenant sur son intention positive

Selon l'intention que vous souhaitez mettre au cœur de votre méditation, vous pouvez par exemple vous répéter intérieurement – ou même oralement – une à trois fois une phrase pour canaliser toute votre « attention » sur cette « intention ». Vous pouvez sinon vous concentrer sur une sensation physique particulière, sur une odeur, un paysage, un son, en choisissant d'y mettre une intention positive.

6. Profiter de sa séance en se recentrant uniquement sur son intention positive

Tout au long du temps que vous dédiez à cette séance, des pensées, des sensations, des imprévus même, peuvent venir vous perturber dans votre concentration, et c'est tout à fait normal. Cependant, votre seule mission est de rester focalisé sur votre intention positive, tout en accueillant ce qui en découle en vous avec bienveillance.

7. Prendre une profonde respiration au moment de terminer la séance

Lorsque le temps prévu s'est écoulé ou que vous souhaitez sortir de votre séance de méditation, prenez une profonde et lente respiration, durant laquelle vous pouvez ancrer en vous tous les bienfaits ressentis en prenant simplement conscience de ce moment que vous vous êtes offert.

8. Reprendre contact avec son corps dynamique

Rouvrez les yeux à votre rythme tout en continuant à bien respirer lentement. Reprenez petit à petit contact avec votre corps en le remettant en mouvement progressivement : bougez vos extrémités, mains, pieds, puis étirez-vous si vous le souhaitez, réveillez doucement tous vos muscles comme après une bonne nuit de sommeil, et laissez venir les éventuels bâillements, qui feront aussi le plus grand bien à votre corps. Vous pourrez alors vous relever et reprendre le cours de votre journée habituelle.

5 MINUTES PAR JOUR, POURQUOI ?

Pourquoi s'accorder 5 minutes par jour pour lâcher prise, ou pour apprendre à lâcher prise ?

À force de répétition, toute chose devient de plus en plus automatique et facile à reproduire, donc à utiliser en cas de besoin. Plus vous maîtriserez l'art du lâcher-prise volontaire, guidé par les différents exercices de ce livre, plus vous serez capable de lâcher prise dans votre quotidien ou face à des imprévus de la vie. Par ailleurs, plus vous parviendrez à intégrer ces exercices et pratiques, comme des rituels, dans votre vie, plus ils deviendront les fondements mêmes de votre stabilité, des repères.

Vous offrir une séance de méditation positive 5 minutes par jour vous permet, par exemple, tout en lâchant prise, de vous donner le sentiment de garder le contrôle sur votre vie. Où que vous soyez, avec qui que vous soyez, vous pouvez renouveler cette pratique jour après jour ; 5 minutes suffisent pour vous accorder un réel instant de centrage et peuvent s'intégrer dans n'importe quel planning de n'importe quelle journée.

Pourquoi 5 minutes par jour tous les jours ?

Chaque jour, vous allez pouvoir découvrir et tester une nouvelle façon de lâcher prise. Vous allez d'abord apprendre à lâcher prise sur vous-même, dans votre relation avec votre passé, avec votre corps et votre personnalité. Puis vous découvrirez comment lâcher prise dans votre quotidien, tant dans votre vie professionnelle que personnelle et en termes de gestion du temps. Vous expérimenterez ensuite le lâcher-prise dans vos relations aux autres, dans votre vie amoureuse, familiale et sociale. Enfin, vous vous ouvrirez au lâcher-prise sur le monde, l'avenir et votre vision idéale de la vie. En suivant le guide qu'est ce livre, croyez-moi, vous vous sentirez de plus en plus libre et pourrez ainsi profiter encore et toujours plus de la vie !

Chapitre 1

Lâcher prise dans sa relation à soi

Nous sommes tous capables de profiter pleinement de l'instant présent, mais nous sommes le plus souvent limités par le poids de notre passé, celui de notre corps ou bien de notre personnalité. Nous sommes notre principal obstacle à notre bonheur ! Aussi, le premier pas vers cette nouvelle vie plus sereine et équilibrée, plus légère et épanouie, commence en apprenant à lâcher prise dans notre propre relation avec nous-mêmes.

FAIRE LA PAIX AVEC SON PASSÉ

Comment vivre heureux avec un passé si lourd ? Entre vos remords et/ou vos regrets, pas facile pour vous de prendre des décisions, de peur de les regretter de nouveau. Victime de traumatismes injustes, vous sentez parfois comme un boulet qui vous retient, qui vous limite dans vos actions et vos espoirs... Et même si vous avez probablement déjà évolué dans votre vie, une partie de la personne que vous étiez avant reprend parfois le dessus, et vous ne savez peut-être plus vraiment qui vous êtes réellement aujourd'hui. Vous rêvez sans doute, comme beaucoup, de vivre enfin au présent en vous libérant de ce passé si encombrant. **C'est possible, vous le savez... Mais comment faire** ?

Il est temps de prendre du recul. Il est temps de lâcher prise ! N'est-ce pas ? Bonne nouvelle : si vous voulez vraiment vous libérer de cette pression, la solution est de lâcher prise sur votre relation avec votre passé pour mieux vous épanouir au présent.

Finis, les regrets !

Vous arrive-t-il souvent de repenser à une belle époque que vous avez vécue avec un petit pincement au cœur, ou bien d'imaginer ce que vous auriez pu vivre si vous aviez osé faire ceci ou cela ? Si ces regrets vous empêchent parfois de profiter pleinement de votre vie actuelle, c'est qu'il est temps de lâcher prise. Vous allez enfin vous libérer de toute cette pression due à vos regrets du passé et trouver des clés pour vous réjouir de ce que vous avez tout de même vécu et de ce que vous vivez d'inestimable aujourd'hui.

Méditation positive des bonheurs du passé

Quel que soit notre passé, nous avons forcément vécu de beaux instants, et il ne tient qu'à nous de les préserver comme des trésors plutôt que de les oublier pour éviter regrets et nostalgie. La méditation qui vous est proposée vous invite à poser une intention positive plaçant la joie au-dessus du regret face à vos bonheurs du passé.

En pratique :

- *Voir le protocole de méditation p. 12.*
- *Pour l'étape 5, concentrez-vous sur votre intention positive du moment : « Je me réjouis et me nourris de mes bonheurs passés plutôt que de les regretter ! »*

MindMap des bonheurs de la vie

Prenez une feuille blanche et écrivez au centre « Les plus belles périodes de ma vie ». Puis, pour mieux lâcher prise sur vos regrets et les transformer en force, réalisez une *MindMap*, ou « carte mentale », de vos plus grands bonheurs du passé. Vous pouvez commencer par faire ressortir les trois plus belles périodes, puis, pour chacune, les plus beaux souvenirs de ces périodes et, pour chaque souvenir, les plus belles émotions qui y sont associées.

Quelque chose de plus grand

Regardez votre *MindMap* et imaginez que tout cela a été possible grâce à quelque chose de plus grand que vous (Dieu ? L'univers ? Votre bonne étoile ? Votre ange gardien ? Vos ancêtres ? La vie ?). Laissez alors monter en vous le sentiment de gratitude pour toutes les belles choses que vous avez vécues, comme si vous vouliez lâcher prise sur vos regrets du passé pour les transformer en gratitude à exprimer à cette force supérieure, pour la remercier.

L'échelle du temps

Repensez à une situation pour laquelle vous ressentez du regret de ne pas être passé à l'action, de ne pas avoir fait ou dit quelque chose. Puis avancez dans l'échelle du temps et listez tout ce qui a été possible et positif grâce à votre choix de l'époque et qui n'aurait pas eu lieu si vous étiez passé à l'action à ce moment-là. Déroulez doucement l'échelle du temps jusqu'à aujourd'hui.

5 MINUTES

IL EST TEMPS DE PASSER À L'ACTION !

Il n'est jamais trop tard ! Qu'auriez-vous sincèrement aimé faire dans le passé que vous n'avez pas encore eu l'occasion de faire ? Parmi ces regrets, lequel pourriez-vous envisager de concrétiser dans les jours, semaines ou mois à venir ? Et quel premier pas pouvez-vous faire dans ce sens dès maintenant pour enfin lâcher prise sur ce regret en le transformant en objectif à atteindre ? Vous savez ce qu'il vous reste à faire : passer à l'action !

Dehors, les remords !

Si les regrets se rapportent surtout à ce que nous avons vécu de plus beau ou à ce que nous aurions aimé vivre, les remords, eux, se rattachent à ce que nous n'aurions jamais aimé faire, ce pour quoi nous ressentons, à y repenser, de la honte, de la culpabilité ou du dégoût pour nous-mêmes. Vous allez enfin vous libérer de tout ce poids relatif à votre passé et trouver des clés qui donneront du sens à ces expériences riches en apprentissage !

Méditation positive du sens des responsabilités

Lâcher prise sur sa culpabilité ne revient pas à se détacher de toute responsabilité de ses actes du passé. Il est tout à fait possible d'accepter ses erreurs du passé, sans en porter toute sa vie le poids de la culpabilité, en acceptant d'en rendre des comptes et d'en tirer des apprentissages ou du sens. Cette méditation positive vous invite à réellement porter votre intention sur la transformation de cette culpabilité en sens de la responsabilité.

En pratique :

› *Voir le protocole de méditation p. 12.*

› *Pour l'étape 5 , concentrez-vous sur votre intention positive du moment : « Je choisis de remplacer ma culpabilité par mon sens de la responsabilité. »*

Je ne suis plus qui j'étais

Nous ne sommes pas ce que nous faisons, nous sommes ce que nous ressentons ! Nous ne pouvons nous réduire à certaines de nos actions, qui symbolisent plutôt ce que nous étions à un moment donné de notre vie. Votre identité, ici et maintenant, est davantage représentée par ce que vous ressentez vis-à-vis de ces actions et ce que vous faites aujourd'hui. Alors, quand vous pensez à ce que le remords provoque en vous, qu'est-ce que cela vous donne envie de faire à l'instant T ? C'est cela qui vous représente le plus aujourd'hui, gardez-le bien en tête !

Les valeurs en question

Vous avez sans doute fait un mauvais choix à un moment donné de votre vie, et vous en ressentez du remords. À bien y réfléchir, si, aujourd'hui, vous ressentez cela, c'est que vos actes de l'époque étaient en contradiction avec vos valeurs, c'est-à-dire des principes essentiels à la vie selon vous. L'honnêteté ? La fidélité ? Le respect ? Quelles valeurs avez-vous heurtées ? C'est le moment de vous recentrer sur vos valeurs et de veiller à ce que cette expérience vous serve de leçon.

Le méridien du menton

Pour prendre du recul et lâcher prise sur votre culpabilité du passé, voici un exercice inspiré d'une autre culture, qui relie davantage le cœur, le corps et l'esprit. Selon les médecines orientales, stimuler le méridien du menton permet de libérer à la fois les traumatismes du passé, la fatigue, la culpabilité et les remords, donc d'activer la vitalité, la volonté, d'aller de l'avant et d'entraîner le pardon. Pour faire le test, il vous suffit de tapoter du bout de vos doigts le creux de votre menton pendant quelques minutes en vous concentrant sur le pardon à vous accorder à vous-même.

5 MINUTES

IL EST TEMPS DE PASSER À L'ACTION !

Avoir le sens des responsabilités, c'est aussi avoir le devoir de rendre compte de ses actes, d'avouer, de s'excuser et d'en payer le prix, s'il le faut. Se pardonner à soi-même est une chose essentielle, mais demander pardon aux personnes que nous pensons avoir blessées ou déçues l'est tout autant. Donc, plutôt que de ruminer votre culpabilité, passez à l'action. Prenez un papier et un crayon, et écrivez une belle lettre de pardon !

SE DÉBARRASSER DE SES TRAUMATISMES

Malheureusement, vous avez peut-être aussi d'autres poids du passé ne dépendant pas directement de ce que vous avez, ou non, fait. Il est possible que vous ayez été victime de ce que l'on appelle des « traumatismes », qui laissent souvent des traces, conscientes et inconscientes : violences, humiliations, abus, méchanceté, manipulation, accidents, abandon, maladies... Avec les exercices qui suivent, vous allez avancer sur le chemin du lâcher-prise de ces traumatismes et trouver des clés pour profiter pleinement de la vie actuelle et à venir, malgré ces événements en question.

Méditation positive de l'acceptation

Le passé, c'est le passé ! Facile à dire, mais que faire quand nos cauchemars nous hantent et notre passé nous revient régulièrement à l'esprit dès qu'une personne, un lieu ou une situation nous le remettent en mémoire ? La méditation proposée ici vous invite à concentrer votre intention positive sur l'acceptation de votre passé, dans tous ses aspects, ses meilleurs comme ses moins bons.

En pratique :

- *Voir le protocole de méditation p. 12.*
- *Pour l'étape 5, concentrez-vous sur votre intention positive du moment : « J'accepte mon passé dans sa globalité pour mieux aller de l'avant. »*

Les mots des maux

L'un des points essentiels du lâcher-prise des plus grands traumatismes est de parvenir à mettre des mots dessus. Prenez une feuille et concentrez-vous sur un événement qui vous a particulièrement traumatisé au point que vous avez du mal à en parler. Puis faites un tableau avec cinq colonnes pour y noter tout ce que vous vous rappelez de ce moment au travers de vos cinq sens : qu'avez-vous vu à ce moment-là ? Qu'avez-vous entendu ? Quelle odeur avez-vous sentie ? Quel goût vous revient en bouche ? Quelles sensations avez-vous ressenties dans votre corps ? Décrivez juste des informations brutes pour lâcher prise sur les émotions qui y sont associées. Prenez le temps de faire cet exercice calmement, en respirant et en buvant de l'eau. Vous ferez déjà un premier nettoyage interne qui vous fera le plus grand bien.

Gestalt-therapie du passé

Une forme de thérapie nous vient tout droit de l'Allemagne : la *Gestalt-therapie*. Elle consiste à entrer en « contact » avec plusieurs niveaux de perception dans chaque situation. Après une bonne nuit de sommeil, vous pouvez revenir sur votre tableau d'hier, le relire et en remplir un nouveau, en notant tout ce que vous avez pensé dans votre tête, ressenti physiquement dans votre corps et émotionnellement dans votre cœur et ce, par rapport à vous-même, aux autres personnes concernées et à l'environnement. Vous vous offrirez ainsi un deuxième nettoyage interne qui renforcera les effets bénéfiques du précédent.

Les bienfaits de la logothérapie

Après avoir vécu le traumatisme d'Auschwitz, le psychiatre et philosophe Viktor Frankl a confié que c'était, certes, l'espoir de revoir les siens qui lui avait permis de survivre, mais également l'envie de finir son manuscrit. Il a ainsi développé toute une théorie sur l'importance du sens que l'on donne à sa vie, qui à son tour donne la force de surmonter même les pires épreuves de la vie : il l'appellera la « logothérapie ». Relisez à présent vos notes des deux jours précédents et réfléchissez au sens de toute cette expérience, ou à ce qui vous a donné la force de vous relever, d'aller de l'avant. Quel est le sens de votre vie ?

5 MINUTES

IL EST TEMPS DE PASSER À L'ACTION !

Vous sentez encore en vous un réel blocage et vous savez qu'il provient d'un événement en particulier de votre passé, mais vous ne parvenez pas à lâcher prise pour enfin vous sentir libre de vivre votre vie pleinement ? Il est temps d'agir ! Acceptez de vous faire aider. Prenez rendez-vous avec un professionnel dès que possible pour quelques séances d'EMDR (*Eye Movement Desensitization and Reprocessing*, ou intégration neuro-émotionnelle par les mouvements oculaires), la technique la plus reconnue pour se libérer de ses traumatismes les plus profonds. Renseignez-vous sur les praticiens du protocole EMDR exerçant près de chez vous ; en quelques séances, vous pourrez vous libérer pour une vie entière.

MON « ANCIEN MOI »... ENFIN DERRIÈRE MOI

Il arrive souvent que nous ayons eu des réactions spontanées qui ne nous ressemblent plus tellement, mais qui nous étaient habituelles à une certaine période de notre vie ou dans certaines situations. Peut-être vous arrive-t-il de ressentir une peur soudaine, un doute incontrôlable sur vos capacités ou un stress qui n'a pas lieu d'être étant donné votre expérience, par exemple ? Ce sont les restes de votre passé, de la personne que vous étiez avant ! Vous ne devriez plus ressentir cela, mais c'est plus fort que vous... Grâce à ce qui suit, vous allez enfin vous libérer de cette ancienne version de vous-même et trouver des clés pour enfin laisser la personne formidable que vous êtes réellement s'exprimer.

Méditation positive du Moi évolutif

Le sujet de cette méditation positive étant votre relation à votre « ancien vous », place à l'acceptation de votre propre changement ! Offrez-vous votre séance habituelle, en posant l'intention positive d'accepter tout autant la personne que vous avez pu être que celle que vous êtes aujourd'hui.

En pratique :

› *Voir le protocole de méditation p. 12.*

› *Pour l'étape 5 , concentrez-vous sur votre intention positive du moment : « Avant, j'étais ce que j'étais et aujourd'hui, je suis ce que je suis ! »*

Mes anciennes et nouvelles peurs

Tout au long de notre vie, nous aurons à faire face à nos peurs, ces émotions qui peuvent parfois nous bloquer, mais qui, en même temps, nous permettent aussi de rester prudents et réalistes face la vie. Accepter de ressentir de la peur est un pas essentiel vers l'équilibre émotionnel, mais attention à ne pas subir les conséquences de vos anciennes peurs en plus de celles de vos peurs actuelles. Pour cela, commencez par les identifier clairement. Listez d'un côté toutes vos anciennes peurs en commençant chaque phrase par : « Avant, j'avais peur de... ». Puis, d'un autre côté, listez toutes vos peurs actuelles, en commençant chaque autre phrase par : « Aujourd'hui, j'ai peur de... ». Certaines peurs sont peut-être toujours d'actualité, mais d'anciennes peurs ont probablement disparu... sans doute au profit de nouvelles. C'est ainsi, et mieux les connaître permet de mieux les gérer !

De quoi suis-je capable ?

Vous arrive-t-il parfois de vous freiner dans une tâche, doutant quelques instants de votre capacité ? Vos doutes sont-ils encore fondés aujourd'hui, ou est-ce là encore un reste de votre image de vous-même, mais datant d'une époque où vous n'aviez pas encore développé certaines compétences ou votre confiance en vous ? De quoi êtes-vous capable aujourd'hui ? Commencez une phrase par : « Aujourd'hui, je suis capable de... » et terminez-la par autant de fins de phrases que vous le souhaitez. Reconnectez-vous avec vos forces actuelles.

De nouvelles saveurs

Nous avons tendance à toujours nous répéter les mêmes phrases, sans pour autant vérifier qu'elles sont encore vraies. Prenons par exemple vos goûts culinaires : quel plat répétez-vous sans cesse ne pas aimer du tout et ce, depuis votre plus jeune âge ? Et si vous retentiez l'expérience sans *a priori*, en allant déguster une préparation réalisée avec amour par un cuisinier de talent ? Ouvrez votre esprit, partez à la découverte des plaisirs actuels de vos papilles et lâchez prise sur les restes des goûts de votre passé ! Votre palais vous en remerciera très vite, croyez-moi.

5 MINUTES

IL EST TEMPS DE PASSER À L'ACTION !

Rien de tel, pour continuer à évoluer, que de sortir régulièrement, volontairement et doucement de sa zone de confort. C'est ainsi nous habituons notre nouvelle personnalité à s'adapter à des situations de plus en plus variées. Arrêtez de vous plaindre que rien ne bouge, dites « au revoir » à l'ancienne version de vous-même et osez passer à l'action ! Et, pour commencer, que pourriez-vous faire de nouveau aujourd'hui ? Partez à la découverte de votre nature profonde et cachée en vous offrant la liberté d'aller parcourir, petit à petit, de nouvelles contrées de la vie !

SE SENTIR LIBRE DANS SON CORPS

Peu importe votre passé, aujourd'hui, l'une de vos difficultés est peut-être de ne pas vous sentir bien dans votre peau. Entre vos complexes, votre peur du regard des autres, tous ces symptômes qui reviennent régulièrement, ces moments de fatigue ou de stress..., vous rêvez sans doute de lâcher prise et d'apprendre à aimer votre corps tel qu'il est, avec ses forces, ses fragilités et ses imperfections !

Si vous voulez vraiment vous libérer de ce regard pesant sur vous-même, il y a toujours une solution, un moyen de lâcher prise sur les limites de votre physique pour enfin vous épanouir dans ce magnifique corps qui est le vôtre.

À bas les complexes !

Vous évitez de vous retrouver face à un miroir ? Vous détestez vous mettre en maillot de bain ou dans une tenue qui dévoilerait un peu trop votre corps ? Vous ne voyez en vous que les imperfections physiques ? Il est temps de lâcher prise sur votre regard si sévère que vous vous portez. Vous méritez tellement mieux ! Votre corps mérite tellement mieux ! Les exercices qui suivent vous proposent des clés pour vous aimer réellement tel que vous êtes.

Méditation positive de l'amour de son corps

Aimer et respecter son propre corps devrait faire partie des premiers apprentissages de la vie. Heureusement, il n'est jamais trop tard pour prendre soin de soi et réapprendre à s'aimer ! Cette méditation positive vous invite à vous concentrer sur l'amour que votre corps mérite de recevoir de votre part. Profitez bien de cette séance, votre corps vous en remerciera sincèrement.

En pratique :

› *Voir le protocole de méditation p. 12.*

› *Pour l'étape 5, concentrez-vous sur votre intention positive du moment : « Mon corps mérite que je l'aime et que je prenne soin de lui avec amour. »*

Un petit scan corporel

Avant de savoir si l'on aime une maison, on prend le temps de la visiter du sol au plafond, afin d'identifier ses atouts et ses limites et ainsi faire son choix en pleine conscience. Et il arrive souvent que l'on fasse le choix d'une maison qui n'est pas parfaite, mais pour laquelle on a eu un coup de cœur. Et si vous revisitiez votre corps avec un regard tout neuf, pour identifier clairement ce qui vous complexe, ce que vous acceptez sereinement et ce que vous aimez ? Faites le scan de votre corps de la tête aux pieds et notez vos atouts, vos charmes et vos imperfections afin de mieux les mettre en valeur de façon harmonieuse.

Votre atout de charme

Suite à votre scan corporel, vous avez sans doute identifié au moins un atout de charme. Qu'il s'agisse de vos yeux, de vos mains, de vos fesses, de votre poitrine ou de vos dents, vous aurez toujours de multiples façons de les mettre en valeur. Lâchez donc prise sur tout ce que vous mettez en œuvre pour cacher vos imperfections et prenez le temps de lister les moyens de valoriser votre/vos atout(s) !

Modélisation de la beauté

Pensez à trois personnes que vous trouvez particulièrement belles. Pour chacune d'elles, listez tout ce qui, selon vous, les rend justement si belles. Est-ce leur taille fine ? Leur peau parfaite ? Leurs dents si blanches ? Ou est-ce leur charisme ? Leur joie de vivre ? Le bonheur qu'elles inspirent ? Réfléchissez à ce qui rend finalement vraiment les gens beaux !

5 MINUTES

IL EST TEMPS DE PASSER À L'ACTION !

Si, malgré vos différentes prises de conscience, une de vos particularités physiques vous complexe tellement que cela vous empêche de vivre sereinement, vous devez passer à l'action, soit pour changer ce complexe, soit pour changer votre regard dessus. Dans tous les cas, un peu d'aide serait sans doute la bienvenue. Prenez vite rendez-vous avec une coach minceur, par exemple, ou un coach en image.

Affronter le regard des autres

Que vont-ils penser de moi dans cette tenue ? Que va-t-elle dire de moi si je mets ces chaussures ? Quelle image va-t-il avoir de moi si je ne me maquille pas ce soir ? Des questions de ce type envahissent souvent nos pensées et nous limitent parfois dans nos choix vestimentaires ou dans l'expression de notre véritable personnalité au travers de nos tenues. Grâce à ce qui vous est ici proposé, vous vous libérerez enfin de toute la pression que provoque en vous le regard des autres et trouverez des clés pour dévoiler avec fierté au monde entier qui vous êtes réellement.

Méditation positive du regard positif des autres

Si vous avez peur du regard des autres et que cette peur vous freine dans votre vie au quotidien, rappelez-vous les moments où ce même regard vous a fait le plus grand bien. Ne respiriez-vous pas alors le plus le bonheur ? Quoi qu'il en soit, cette méditation vous invite à poser l'intention positive de créer du lien entre votre bonheur intérieur et le plaisir du regard des autres.

En pratique :

- *Voir le protocole de méditation p. 12.*
- *Pour l'étape 5, concentrez-vous sur votre intention positive du moment : « Plus je rayonne de bonheur, plus le regard des autres me fait du bien. »*

Le regard de l'autre sexe

L'un des regards qui nous fait souvent le plus peur est celui des personnes du sexe opposé, que ce soit au sein de notre couple ou en dehors. Si vous deviez vous rappeler les trois plus beaux compliments qu'une personne du sexe opposé vous a faits, quels seraient-ils ? Et que pourriez-vous faire pour en attirer davantage ?

Le miroir de mes amis

Listez les amis dont le regard compte particulièrement pour vous, qu'ils soient agréables ou non. Pour chaque personne, décrivez ce que vous pensez qu'elle pense de vous. Puis entourez ce que vous aimez dans ces différents regards portés sur vous et soulignez ce que vous aimeriez changer. Remerciez chacune de ces personnes pour l'image positive qu'elle vous renvoie en évoquant les points que vous avez entourés et demandez-lui comment vous pourriez, selon elle, améliorer les autres. Le résultat de cette démarche peut vraiment vous surprendre !

Sous le regard de ces inconnus

Finalement, lorsque vous pensez au regard que les inconnus peuvent porter sur vous, que ressentez-vous ? En quoi cela a-t-il un impact sur votre vie ? Qu'aimeriez-vous désormais ressentir à la place ? Et si cela ne dépendait plus que de vous ? Prenez un Post-it® et écrivez dessus : « Désormais, le regard des inconnus n'aura dans ma vie que la place que je lui accorderai avec le sourire. » Affichez ce Post-it® sur le miroir de votre salle de bains jusqu'à ce que ça devienne une évidence pour vous !

5 MINUTES

IL EST TEMPS DE PASSER À L'ACTION !

Si vous n'aviez plus du tout peur du regard des autres, quelle est la première chose que vous feriez ? Et si vous osiez faire un premier pas dans cette direction dès aujourd'hui ? Il est temps d'oser sortir de votre zone de confort, consciemment et en douceur, mais d'en sortir tout de même. À vous de jouer !

C'est parti pour le plan santé !

Votre corps montre des signes de faiblesse et l'exprime au travers de symptômes récurrents ? C'est qu'il est temps de prendre encore plus soin de votre corps et de lâcher prise sur vos douleurs et tensions physiques. Vous allez enfin vous libérer de cette pression liée aux maladies et symptômes et trouver des clés pour améliorer votre santé et votre vitalité.

Méditation positive de la pleine santé

Quel que soit votre état de santé actuel, il ne tient qu'à vous d'offrir à votre corps ce qui est bon pour lui, pour lui permettre de vous maintenir dans la meilleure énergie possible. Une partie de vous sait ce qui est bon ou non, même si, parfois, vous n'en tenez pas compte dans vos décisions ou comportements. Cette méditation positive vous invite à poser l'intention de vous recentrer sur votre volonté d'offrir à votre corps tout ce qu'il y a de meilleur pour lui.

En pratique :

- *Voir le protocole de méditation p. 12.*
- *Pour l'étape 5, concentrez-vous sur votre intention positive du moment : « Je décide d'offrir à mon corps ce qui est bon pour lui, pour vivre une vie en pleine santé ! »*

De l'eau magique

De nombreuses études et recherches ont démontré que si l'on ne consomme pas les quantités d'eau recommandées ou nécessaires pour notre organisme, le risque de souffrir de problèmes de santé s'accroît considérablement. Les symptômes de la déshydratation comprennent les crampes, les maux de tête, la sensation de fatigue, les migraines, les douleurs musculaires et les fréquentes sautes d'humeur, mais aussi les problèmes de reins, d'intestins, de circulation sanguine, et une baisse de productivité physique et mentale. Pour lâcher prise sur tous ces symptômes fortement liés à des problèmes d'hydratation, pensez à boire régulièrement tout au long de la journée. Petite astuce, mettez une alarme à chaque heure avec une petite phrase positive à vous répéter au moment où vous buvez : « Cette eau nettoie et vitalise mon corps de l'intérieur. »

Votre essence naturelle

Imaginez une voiture dans laquelle vous remplaceriez l'essence par du cola mélangé à de la grenadine. Il est fort probable qu'elle ne soit rapidement plus aussi fonctionnelle qu'avant. Votre corps nécessite une alimentation adaptée pour bien fonctionner. Et si vous lâchiez prise sur tous ces grignotages sucrés ou gras en dehors de vos repas et sur toute cette alimentation « marketing » ? Votre challenge du moment est de nourrir votre corps uniquement avec ce qui vous semble adapté à son bon fonctionnement. Des indices : des fruits, des légumes, du bio, du naturel, du frais, de l'eau...

30 minutes de marche par jour

Rien de tel pour lâcher prise sur votre stress quotidien que de sortir prendre l'air ! Si, de plus, vous en profitez pour marcher durant 30 minutes, en veillant à bien respirer et à relâcher votre corps et votre esprit, vous lui permettrez de renouveler en douceur son énergie vitale. Selon l'OMS (Organisation mondiale de la santé), 30 minutes par jour suffisent pour améliorer son état de santé et rester en forme. Alors que diriez-vous d'une petite marche aujourd'hui ? Et demain ? Et après-demain ?... Instaurez ce rituel santé dans votre vie !

5 MINUTES

IL EST TEMPS DE PASSER À L'ACTION !

Vous en avez assez de vous plaindre de votre état de santé ? Passez à l'action ! Après avoir pris du recul sur ce qui est bon ou non pour votre corps, et probablement pris conscience de vos plus ou moins bonnes habitudes pour votre santé, établissez votre plan d'action de santé positive. Listez ce que vous voulez changer pour offrir ce qu'il y a de meilleur à votre corps et engagez-vous une bonne fois pour toutes à vous y tenir !

La fatigue et le stress ne passeront plus par moi

Votre corps semble avoir des difficultés à suivre votre rythme ? Entre ces grands moments de fatigue et ces pics de stress, vous sentez que vous atteignez vos limites physiques et qu'il est temps de prendre les choses en main pour retrouver la pleine forme. Mais par où commencer ? Vous allez enfin vous libérer de cette fatigue et ce stress et trouver des clés pour donner un regain de sérénité et de vitalité à votre corps !

Méditation positive de la sérénité et de la vitalité

Cette séance est dédiée à l'équilibre entre notre besoin de calme et notre besoin d'énergie. Aussi, la méditation du moment vous invite à lâcher prise sur toutes vos tensions et vos états de fatigue pour vous concentrer sur l'intention positive de décider de vivre une vie pleine de sérénité et de vitalité.

En pratique :

- *Voir le protocole de méditation p. 12.*
- *Pour l'étape 5, concentrez-vous sur votre intention positive du moment : « Je décide de vivre une vie pleine de sérénité et de vitalité ! »*

L'agenda du sommeil

La fatigue est le signe d'un besoin de ressourcement, d'un manque d'énergie et de vitalité. Aussi, pour lâcher prise sur ces états de fatigue, chroniques ou ponctuels, commencez par améliorer votre sommeil. Ce n'est pas tant la quantité que la qualité qui compte. Voici une technique qui fait ses preuves : identifiez vos cycles de sommeil à l'aide d'un agenda du sommeil. Et, pour cela, votre mission consiste à réaliser cet agenda et à y noter tous vos rythmes vitaux : coups de barre, pointes de vitalité, bâillements, réveils spontanés du matin... Vous trouverez de nombreux conseils sur Internet pour remplir correctement cet agenda du sommeil et bien identifier vos cycles. Rapidement, vous saurez quelles sont les meilleures heures pour des nuits plus ressourçantes.

Un réveil tonique

Pour bien débuter la journée et lâcher prise sur vos réveils difficiles, voici trois clés faciles à intégrer dans vos rituels quotidiens : le sourire, le citron pressé et le « rebounding » ! Dès que vous ouvrez les yeux, pensez à sourire immédiatement. Votre corps produira alors naturellement et automatiquement les hormones du bien-être qui influenceront votre humeur toute la journée. Puis buvez un verre de citron pressé (dans de l'eau tiède de préférence) pour hydrater, équilibrer le pH et vitaliser votre corps au réveil. Et, enfin, faites quelques petits rebonds sur place pour stimuler la circulation des liquides de votre corps et ainsi le bon fonctionnement de vos organes pour la journée !

L'air et la lumière feng shui

Saviez-vous que le feng shui est une vieille pratique chinoise permettant de trouver un équilibre entre nous et notre environnement, pour favoriser, entre autres, une meilleure santé ? L'art du feng shui propose d'aménager son intérieur de façon à en faire un espace vital sain et vitalisant. La première étape, selon cette pratique, pour lâcher prise sur toutes les énergies négatives de votre intérieur qui ont un impact sur votre propre énergie, est d'ouvrir les fenêtres en grand au moins une fois par jour pour apporter plus de lumière naturelle et d'air frais. Vous savez ce qu'il vous reste à faire !

Votre liste de vitalité

L'une des principales sources de fatigue n'est pas la plus reconnue : il s'agit de l'ennui. Sans motivation ni enthousiasme, notre corps survit, mais ne profite pas de sa pleine vitalité. Alors, pour lâcher prise sur l'ennui, voici ce que l'on vous propose : créez votre « liste de vitalité » ! Listez tout ce qui vous enthousiasme, vous émerveille ou vous donne de la vitalité, et affichez cette liste à un endroit bien visible pour vous donner envie régulièrement de croquer la vie à pleines dents.

5 MINUTES

IL EST TEMPS DE PASSER À L'ACTION !

Marre de vous sentir fatigué et stressé ? Occupez-vous de la façon la plus agréable possible toute la journée ! Pour cela, chaque matin, relisez votre liste de vitalité et décidez de tout mettre en œuvre pour vivre, dans la journée, au moins trois moments pleins de vitalité tirés de votre liste.

ÉPANOUIR SA PERSONNALITÉ

Si certaines personnes parviennent à s'accepter facilement, avec leurs forces et leurs fragilités, pour la majorité, il n'est pas facile d'avoir une bonne estime de soi. Si vous en faites partie, une petite voix vient sûrement régulièrement dans votre tête installer le doute. Aussi, rêvez-vous sans doute de vous libérer de cette petite voix et d'apprécier davantage votre valeur, vos qualités, vos forces et vos atouts, de gagner ainsi en confiance en vous et pourquoi pas même d'aimer la personne que vous êtes, même dans vos imperfections.

Si vous voulez vraiment vous libérer de cette image négative de vous-même et de cette petite voix intérieure limitante, pas de panique, il y a toujours une solution ! Et vous trouverez les moyens de lâcher prise sur votre personnalité imparfaite pour mieux vous épanouir avec et renforcer votre estime de vous-même.

Je n'ai pas (que) des défauts

Vous aimeriez parfois être plus actif, partager davantage vos idées ou, au contraire, mieux contenir vos impulsions et vos réactions, mais c'est plus fort que vous : vous trouvez toujours vos idées non pertinentes ou vos réactions inappropriées et vous avez la sensation que cela fait, une fois de plus, ressortir ces fameux « défauts » que vous aimeriez tant cacher au reste du monde. La séance qui suit vous propose de lâcher prise sur tout ce mécanisme de pensée, de vous libérer de ces fameux « défauts » et de trouver des clés pour vous révéler sous votre meilleur jour, celui de vos plus belles qualités.

Méditation positive de l'estime de soi

Personne n'est parfait, tout le monde a le droit à l'imperfection, vous compris ! Ce ne sont pas quelques petits défauts qui font de vous une mauvaise personne. Vous êtes quelqu'un de bien, quoi qu'il arrive, même si vous perdez peut-être parfois le contrôle. Non ? C'est sur cela que la méditation du moment vous invite à vous focaliser.

En pratique :

- *Voir le protocole de méditation p. 12.*
- *Pour l'étape 5 , concentrez-vous sur votre intention positive du moment : « Je ne suis peut-être pas parfait, mais je suis quelqu'un de bien. »*

Les qualités de vos défauts

Chaque défaut est une qualité mal exprimée, tout comme chaque qualité pourrait être un défaut. Identifiez votre principal défaut selon vous et souvenez-vous de plusieurs occasions durant lesquelles ce trait de caractère a finalement été un véritable atout, une réelle force dans la vie ou dans une situation particulière. En quoi ce trait de caractère est-il finalement une vraie force lorsque vous l'utilisez à bon escient ? Faites-en autant avec chaque trait de caractère que vous considérez pour le moment comme un défaut.

La force est en vous !

Vous avez de nombreuses forces en vous et vous allez pouvoir les identifier facilement avec cet exercice : pensez à trois personnes que vous admirez particulièrement. Pour chacune d'elles, listez leurs forces, leurs qualités, leurs atouts selon vous, puis relisez l'ensemble des forces listées et entourez celles qui s'expriment en vous ne serait-ce qu'un petit peu. Eh oui, les forces sont déjà en vous, il ne vous reste qu'à les identifier, les accepter et les aimer !

Compétences conscientes et inconscientes

Vous avez comme tout le monde un grand nombre de compétences, parfois conscientes, parfois inconscientes. Et vous avez autant, voire plus encore, d'incompétences, elles aussi plus ou moins conscientes. Vous ne connaissez ce que vous savez faire que lorsque vous l'avez essayé au moins une fois. Bref, à l'heure actuelle, quelles sont les compétences dont vous avez conscience ? Et quelles sont les compétences que vous aimeriez acquérir ou développer ?

5 MINUTES

IL EST TEMPS DE PASSER À L'ACTION !

Vous en avez assez de vous plaindre de votre incompétence dans tel domaine, de votre incapacité à réaliser telle tâche ou bien d'avoir honte de qui vous êtes, de ce que vous dites ou de ce que vous faites ? Il est temps de passer à l'action ! Formez-vous. Développez vos compétences. Renforcez vos capacités. Travaillez sur votre développement personnel. Par quoi voulez-vous commencer ? Peut-être par l'une des compétences que vous avez identifiées comme étant à développer dans l'exercice précédent ? Et que pourriez-vous faire pour la développer ? Quel cours pourriez-vous suivre ? Quelle formation ? Quelles vidéos en ligne pourriez-vous regarder ? À quels stages pourriez-vous participer ? À vous de jouer !

Stop aux croyances limitantes

Toutes vos décisions et toutes vos actions sont guidées par vos croyances. À chaque instant, ces dernières influencent votre vie, aussi est-il essentiel d'en avoir conscience pour ne pas trop qu'elles vous influencent, quand elles sont limitantes. Avec cette séance, vous allez enfin vous libérer de ces croyances qui vous empêchent d'avancer et trouver des clés qui vous permettront de vous appuyer davantage sur vos croyances *boostantes* !

Méditation positive du contrôle de sa vie

Le lâcher-prise se situe à mi-chemin entre le « tenir bon » et le laisser-aller. Si, parfois, il vaut mieux laisser couler les choses pour se libérer, d'autres fois, au contraire, il vaut mieux lâcher ses peurs et ses croyances pour tenir bon dans ses projets ou ses actions. Votre vie vous appartient et cette méditation vous invite à poser l'intention positive de lâcher prise sur ces freins qui vous limitent malgré vous, afin de reprendre le contrôle de vos pensées, donc de votre vie !

En pratique :

- *Voir le protocole de méditation p. 12.*
- *Pour l'étape 5, concentrez-vous sur votre intention positive du moment : « Je décide de reprendre le contrôle de mes pensées, de reprendre le contrôle de ma vie. »*

J'aimerais, mais...

Pour se libérer de ses croyances limitantes, la première étape est de les identifier. Pour cela, voici un exercice très simple : pensez à un objectif que vous aimeriez réellement atteindre, puis complétez la phrase : « J'aimerais réellement atteindre cet objectif, mais... ». Toutes les fins de phrases qui vous viendront à l'esprit sont des croyances limitantes. Alors, pour le moment, partez à leur découverte et accueillez-les simplement avec bienveillance. Vous aurez déjà effectué un grand pas !

Inversion grammaticale

Les conjonctions de coordination, vous connaissez ? Souvenirs lointains de votre grammaire scolaire ? C'est bien de cela qu'il s'agit. Et plus encore ! Faites une expérimentation : reprenez votre phrase commençant par : « J'aimerais réellement atteindre cet objectif, mais... » et terminez-la par ce que vous pensez être votre principale croyance limitante (par exemple, « je ne pense pas en être capable »). Puis réécrivez la même phrase, mais en inversant l'ordre des éléments autour de la conjonction de coordination « mais ». Autrement dit, avec notre exemple, cela donnerait : « Je ne pense pas en être capable, mais j'aimerais réellement atteindre cet objectif ! » Vous sentez la différence ? Prenez l'habitude de jouer avec cette inversion grammaticale magique !

Un crayon, une gomme et un stylo

Une autre croyance limitante vous trotte encore dans la tête ? Écrivez-la au crayon de papier sur une feuille, puis gommez-la ! Et écrivez à la place la croyance *boostante* par laquelle vous voulez la remplacer, mais cette fois-ci, au stylo ineffaçable. Affichez cette croyance au-dessus de votre table de nuit pour la lire chaque soir avant de vous coucher. Bientôt, elle résonnera comme une évidence en vous.

5 MINUTES

IL EST TEMPS DE PASSER À L'ACTION !

Vous en avez assez de vous sentir limité dans vos actions à cause de certaines croyances ? Si ces croyances limitantes n'existaient plus du tout, si vous en étiez totalement libéré, que feriez-vous là, tout de suite ? Ne réfléchissez plus… et passez à l'action ! N'attendez plus qu'elles disparaissent, agissez malgré elles. Rappelez-vous, c'est vous qui avez le contrôle de votre vie !

Vaincre ses peurs

Vous aimeriez réaliser de grandes choses dans la vie, vous lancer dans certains projets, des challenges stimulants, vivre des aventures incroyables. Mais quelque chose vous retient... Vous avez peur ! Grâce à la séance qui suit, vous allez vous libérer de ce sentiment qui vous freine et trouver des clés pour enfin oser vivre la vie dont vous rêvez !

Méditation positive de la confiance

Même les personnes qui ont osé relever les plus grands défis ressentent de la peur. Elle fait partie des émotions de la vie et peut être utile. Notre objectif n'est donc pas de ne plus jamais avoir peur, mais d'apprendre à tenir compte de ce sentiment sans en devenir victime. La méditation du moment vous invite à poser l'intention de toujours garder confiance et ce, malgré vos peurs.

En pratique :

- *Voir le protocole de méditation p. 12.*
- *Pour l'étape 5 , concentrez-vous sur votre intention positive du moment : « Même si j'ai peur, j'ai confiance ! »*

Mes plus grandes peurs

Voici les douze peurs les plus répandues : peur de l'échec, de la réussite, du conflit, de l'abandon, de la trahison, du rejet, de souffrir, de la solitude, du changement, de l'engagement, de vieillir, de mourir.

Quelles sont vos plus grandes peurs ? Classez les douze peurs précédemment citées par ordre d'importance chez vous. Puis, pour les trois principales qui vous touchent, illustrez-les en détail : de quoi s'agit-il ? Quel en est le contexte ?

Tableau des ressources internes

D'autres peurs plus précises viennent nous limiter dans la vie. Pour en identifier les principales, listez dans un premier temps les cinq principaux projets que vous aimeriez réaliser dans l'année à venir. Puis notez dans une deuxième colonne ce qui vous freine, ce qui vous fait peur par rapport à chacun de ces projets. Ajoutez ensuite une troisième colonne et précisez quelles forces, quelles ressources internes peuvent vous aider à surmonter chacune de ces peurs.

L'inversion psychologique

Un processus mental permet de transformer nos émotions en jouant sur des contradictions entre des termes et des émotions : il s'agit de l'inversion psychologique. Pour lâcher prise sur vos peurs, fermez les yeux et respirez profondément. Puis répétez trois fois intérieurement : « J'ai peur, je n'ai pas confiance » au rythme de vos respirations, puis trois fois : « J'ai peur, j'ai confiance », puis trois fois : « Je n'ai pas peur, je n'ai pas confiance », puis trois fois : « Je n'ai pas peur, j'ai confiance » et enfin trois fois : « J'ai confiance. »

IL EST TEMPS DE PASSER À L'ACTION !

Un projet vous tient particulièrement à cœur actuellement, mais vous ressentez encore une forme de peur qui vous freine. Vous en avez assez et voulez surmonter cette peur pour passer à l'action ? Et si vous demandiez de l'aide ? Sur qui pouvez-vous compter ? Prenez votre téléphone, ou votre mail, et contactez cette personne dès maintenant pour lui demander son aide. Vous la flatterez de votre confiance et contribuerez à son estime d'elle-même. N'hésitez pas une seconde : à vous de jouer !

Des émotions, oui, mais sous contrôle

Sous l'emprise d'une pulsion de colère, de jalousie ou de frustration, il vous arrive peut-être, de perdre le contrôle de vous-même et de ne pas vous reconnaître dans vos réactions spontanées. Vous aimeriez pouvoir vous maîtriser, même dans les moments les plus déstabilisants, mais cela vous semble impossible. Par le biais de cette séance, vous allez enfin vous libérer de toutes vos pulsions émotionnelles incontrôlables et trouver des clés pour gérer sereinement vos émotions.

Méditation positive de l'intelligence émotionnelle

Certaines personnes semblent plus habiles que d'autres quand il s'agit de faire face à des situations déstabilisantes émotionnellement. Elles ont tout simplement appris à développer leur intelligence émotionnelle, c'est-à-dire leur capacité à identifier, exprimer et gérer leurs émotions et celles d'autrui. Cette méditation vous invite à poser l'intention positive d'accueillir et d'exprimer le plus sereinement possible vos émotions.

En pratique :

› *Voir le protocole de méditation p. 12.*

› *Pour l'étape 5 , concentrez-vous sur votre intention positive du moment : « À partir d'aujourd'hui, je choisis d'accueillir et d'exprimer sereinement toutes mes émotions. »*

Votre profil émotionnel

Vous avez certainement tendance, comme tout le monde, à avoir régulièrement les mêmes types de réactions émotionnelles face à des situations récurrentes. Quelles sont, selon vous, les trois principales émotions positives et les trois principales émotions négatives que vous ressentez le plus souvent ? Pour établir ainsi votre profil émotionnel, vous pouvez vous aider des nombreuses listes d'émotions que l'on trouve sur Internet. Plus vous aurez conscience de votre profil émotionnel, plus vous serez capable de le réguler, donc de lâcher prise sur vos pulsions incontrôlées.

La lettre de colère

L'une des émotions sur lesquelles vous allez maintenant porter votre attention est la colère. Il vous arrive sans doute parfois, ou souvent, de ressentir de la colère, et vous aimeriez bien vous en libérer. Prenez donc une feuille et un stylo et écrivez une lettre à un inconnu, pourquoi pas le gardien imaginaire de la colère. Exprimez-lui toute la colère que vous ressentez au fond de vous, évoquez les situations qui la provoquent, comment elle s'exprime habituellement et comment vous aimeriez désormais être capable de la canaliser pour mieux vous en libérer. Et remerciez-le d'avance de bien vouloir prendre soin de votre colère, que vous lui donnez en garde. Symboliquement, vous pouvez brûler cette lettre, imaginant que ce n'est que par la fumée que ce message peut arriver à son destinataire !

La simple expression des émotions

C'est plus fort que vous, que ce soit au sein de votre couple, dans votre famille ou avec vos amis, voire au travail, vous sentez parfois monter en vous comme une forme de jalousie, d'envie, alors que vous savez que ce n'est ni utile ni sain. Pour lâcher prise sur ce type de ressenti impulsif, apprenez à mettre des mots dessus. De simples mots, exprimés avec sincérité et bienveillance, peuvent vous en libérer. Imaginez par exemple dire à une personne : « Je trouve ton sac très beau, et je dois avouer que je suis jalouse, car j'aimerais vraiment avoir le même. » Partagées en toute simplicité, les émotions négatives perdent de leur intensité naturellement. Alors, à qui allez-vous exprimer votre envie aujourd'hui ?

Le yock !

Rien de tel pour se libérer d'une forte émotion désagréable que de se défouler physiquement ! Alors, plutôt que de taper dans un mur et vous faire mal à la main, optez pour un bon sprint, une séance de bodyboxing ou... un yock ! Le yock est un cri puissant qui vous permet de tout lâcher d'un seul coup. Isolez-vous bien, en pleine nature, dans une voiture ou loin de toute civilisation et... hurlez de toutes vos forces ! C'est tellement libérateur que vous aurez sans doute envie de le faire deux ou trois fois d'affilée pour bien tout lâcher.

5 MINUTES

IL EST TEMPS DE PASSER À L'ACTION !

Allez, c'est décidé, vous ne voulez plus subir vos émotions, mais apprendre à bien les gérer et développer ainsi votre intelligence émotionnelle. Inscrivez-vous à un stage de communication non violente, ou commencez au moins par un livre, une vidéo ou une recherche approfondie sur le sujet sur Internet. Comme pour tout apprentissage, il ne se fera pas en un jour, mais il faut bien s'y mettre. Donc à vous de jouer !

Chapitre 2

Lâcher prise dans sa vie quotidienne

Nous sommes chaque jour confrontés à nos limites, à des obstacles, des freins, des difficultés, dans notre vie professionnelle ou personnelle. Mais comment faire alors pour profiter pleinement et sereinement de la vie ? Nous devons apprendre à lâcher prise sur notre quotidien ! Et qui dit quotidien, dit aussi gestion du temps, un élément essentiel pour s'épanouir dans une vie équilibrée à tous les niveaux.

PRENDRE EN MAIN SA VIE PROFESSIONNELLE

Que ce soit par vocation, par obligation ou par défaut, le choix de votre vie professionnelle n'a peut-être pas pu prévoir, au départ, la nature et l'évolution de vos relations professionnelles, ni de vos missions, de vos conditions de travail ou de votre niveau de rémunération. À l'heure actuelle, vous êtes peut-être à bout face aux potins, aux conflits internes, au manque de communication, de respect, de reconnaissance ou de professionnalisme des uns, ou face aux excès d'orgueil, de manipulation ou de pression des autres. Vous rêvez peut-être d'exercer votre métier dans de meilleures conditions ou dans un environnement plus sensé ou enthousiaste, entouré de personnes sincères, coopératives, bienveillantes et efficaces.

Si vous voulez vraiment vous libérer de cette pression, de ce stress professionnel, il y a toujours une solution, et vous trouverez les moyens de lâcher prise dans votre vie professionnelle pour mieux vous y épanouir.

Non à la pression !

Vous passez sans doute la majeure partie de votre temps à travailler, mais êtes-vous réellement heureux durant tout ce temps ? Si le stress et la pression prennent le dessus sur le sens que vous donnez à votre travail et sur le plaisir que vous devriez en retirer, il est temps de lâcher prise. Grâce à cette séance, vous allez enfin vous libérer de ces sentiments oppressants et trouver des clés pour vous accomplir pleinement dans votre quotidien professionnel !

Méditation positive de l'accomplissement professionnel

Afin de pouvoir s'accomplir totalement dans une activité professionnelle, il est avant tout essentiel de se l'autoriser pleinement. Cependant, nous nous limitons parfois nous-mêmes dans notre volonté de nous épanouir dans le travail, aussi vous êtes ici invité à vous laisser guider par une méditation positive dans l'intention de vous autoriser à vous accomplir pleinement professionnellement.

En pratique :

- *Voir le protocole de méditation p. 12.*
- *Pour l'étape 5, concentrez-vous sur votre intention positive du moment : « Je mérite de m'accomplir pleinement professionnellement et je vais m'en donner les moyens ! »*

Brûler la pression !

Vous avez décidé de vous libérer de toute votre pression professionnelle, et c'est une bonne chose ! Voici un exercice pour y parvenir, dans un premier temps, d'un point de vue symbolique, mais qui s'avère finalement obtenir des résultats concrets. Prenez une feuille et notez dessus tout ce qui vous met actuellement la pression. Écrivez librement, de belles phrases ou en vrac, listez bien tout ce qui vous angoisse, vous panique et vous épuise, de la pression des délais à la pression de certaines personnes, libérez-vous par écrit ! Puis attrapez cette feuille et, après avoir pris une profonde respiration, brûlez-la. Votre pression s'envolera en grande partie en fumée !

Une pause s'impose... régulièrement !

Imaginez un enfant qui devrait courir toute la journée, passant d'un exercice à un autre, d'un exposé à un cours de sport, d'un cours de maths à un cours de français, non-stop du matin au soir. Tiendrait-il à ce rythme ? Serait-il efficace dans son apprentissage ? Évidemment non. Les « récréations » sont indispensables, la pause de midi aussi, sans oublier les week-ends et les vacances. Pourquoi en serait-il autrement pour vous ? Faites des pauses dans votre journée, mais aussi le week-end, et prenez régulièrement de vraies vacances, c'est essentiel à votre efficacité et cela vous évitera le risque du fameux *burn-out* !

Micro-pause dynamique

Vous avez donc bien conscience que des pauses sont indispensables à votre efficacité, mais, parfois, le temps vous manque ou, en tout cas, les pauses ne vous semblent pas prioritaires sur le moment dans votre gestion du temps. Testez les micro-pauses dynamiques. Levez-vous, sortez une minute de votre pièce de travail, étirez-vous, secouez-vous, sautez sur place ou tapotez-vous et respirez plusieurs fois profondément. Terminez en buvant un grand verre d'eau et reprenez votre activité en cours. En deux minutes, vous aurez apporté à votre corps les bases dont il a besoin : de l'air, de l'eau et de l'énergie vitale naturelle !

5 MINUTES

IL EST TEMPS DE PASSER À L'ACTION !

Si vous êtes dans une situation actuelle de stress professionnel et que vous voulez éviter le *burn-out*, vous avez le choix : dites « Stop ! » ou changez les choses. Il ne tient qu'à vous de prendre une décision : démissionner ? Prendre une semaine de vacances ? Demander à changer de poste ? Mettre fin à un contrat en particulier ? Déléguer une ou plusieurs missions ? Vous ne pouvez plus rester là à subir votre propre pression. Passez à l'action !

Mon boss m'épuise...

Même si vous avez choisi votre métier et eu la chance de trouver une activité professionnelle qui vous offre des conditions de travail optimales, vous ne pouvez certainement pas échapper aux difficultés inhérentes aux relations avec vos collaborateurs, patrons, clients, fournisseurs, partenaires, etc. Avec ce qui suit, vous allez enfin vous libérer de ces difficultés et trouver des clés pour faciliter des relations légères et agréables avec vos collaborateurs !

Méditation positive des choix relationnels

Quoi qu'il arrive et quelles que soient vos décisions, il vous sera quasiment impossible d'éviter à jamais toutes les personnes pouvant avoir un impact négatif sur vous, votre travail ou votre humeur. La méditation que vous êtes invité à pratiquer ici repose donc sur l'intention positive de réussir à accueillir et vous nourrir des influences positives de vos relations professionnelles tout en parvenant à « laisser glisser » les influences négatives inévitables !

En pratique :

› *Voir le protocole de méditation p. 12.*

› *Pour l'étape 5, concentrez-vous sur votre intention positive du moment : « Je me nourris du positif des uns et laisse glisser le négatif des autres... »*

Mes ressources positives

Faites une liste de toutes les personnes que vous êtes amené à croiser dans le cadre de votre activité professionnelle. Oui, toutes ! Puis relisez votre liste et mettez un « + » à côté de celles qui vous inspirent des idées positives pour le travail, à côté de celles qui vous inspirent de la motivation pour continuer et aller encore plus loin professionnellement et enfin à côté de celles qui vous inspirent tout autre émotion positive qui vous fait du bien. Entourez en particulier les personnes ayant deux ou trois « + » à côté de leur nom : ce sont vos ressources positives ! Rapprochez-vous d'elles dès que les personnes les plus « négatives » viennent influencer votre énergie du mauvais côté de la balance émotionnelle.

J'observe, j'apprends et je me réjouis !

Vous avez cette sensation que certaines personnes de votre entourage professionnel ne vous apportent rien de bon et ne vous font que perdre du temps ou de l'énergie ? Que diriez-vous de changer votre regard sur la situation ? Prenez du recul et observez ces personnes comme si elles avaient chacune quelque chose à vous apprendre de très utile pour votre évolution professionnelle. Quel message le destin a-t-il voulu vous transmettre en mettant cette personne sur votre parcours ? Apprenez en observant et réjouissez-vous d'avance de tout ce que vous allez en recueillir de bon pour vous.

Mon ancrage de sécurité positive

Vous êtes face à cette personne qui tente de vous provoquer, de vous faire réagir ou qui, volontairement ou non, vous blesse profondément, et vous devez réagir sur l'instant. Voici une petite technique pour vous aider à gérer une situation d'urgence dans vos relations professionnelles : choisissez une force que vous avez en vous et que vous aimez, et qui vous est utile, le plus souvent, pour vous calmer lorsque vous vous énervez – le courage, l'optimisme, la bienveillance, le pardon ? Identifiez cette force et attrapez votre poignet avec votre main opposée en répétant dix fois le nom de votre force lentement, la laissant vraiment vous submerger. Lorsque vous vous retrouverez en situation d'urgence, faites appel à votre ancrage de sécurité positive en refaisant tout simplement ce même geste. La force prendra alors automatiquement le dessus sur tout autre émotion moins agréable qui aurait pu pointer le bout de son nez.

5 MINUTES

IL EST TEMPS DE PASSER À L'ACTION !

Certaines personnes prennent parfois trop d'espace ou d'énergie dans votre sphère professionnelle ? Il va falloir apprendre à mettre des limites, à dire « non » ou « stop » ! À qui avez-vous actuellement envie de dire « stop » ? Pourquoi ? Listez vos arguments sans vous mettre de limite puis retenez ceux qui vous semblent les plus pertinents et bienveillants et foncez : exprimez-lui votre ressenti et votre besoin d'avoir votre espace avec les limites qui s'imposent. Expliquez-lui calmement, puis clôturez rapidement la discussion pour qu'elle se limite à cet essentiel (avant de dévier avec des « mais... », des excuses, des justifications, etc. !).

L'échec comme un apprentissage

Même en faisant de votre mieux, il vous arrive d'être confronté, professionnellement, à ce sentiment peu agréable d'avoir « échoué »... Vous n'avez pas réussi à atteindre un objectif dans un délai imparti, vous n'avez pas obtenu le résultat que vous visiez ? Et alors ? Vous allez enfin vous libérer de ce sentiment d'échec et trouver des clés pour que chaque épreuve soit riche en apprentissage et utile dans votre évolution professionnelle !

Méditation positive de la réussite

Pour chaque mission, chaque tâche professionnelle, vous prenez le risque de plus ou moins réussir ce que vous entreprenez. Lorsque tout se déroule comme prévu, c'est parfait ; en revanche, lorsque vous ne parvenez pas au résultat attendu, il n'est pas forcément évident de persévérer puis, finalement, de lâcher prise. C'est pourquoi cette séance vous invite à apprendre de chacune de ces difficultés, pour mieux les surmonter et vous réjouir ensuite des réussites qui en découleront.

En pratique :

- *Voir le protocole de méditation p. 12.*
- *Pour l'étape 5, concentrez-vous sur votre intention positive du moment : « J'apprends de chaque difficulté pour nourrir et me réjouir de mes futures réussites ! »*

L'échec n'existe pas !

Pasteur a expérimenté des milliers de vaccins inefficaces avant de trouver le vaccin si efficace que nous connaissons. Michael Jordan a loupé des milliers de paniers avant de trouver comment marquer – quasiment – à coup sûr. Dans votre travail, vous connaissez des milliers de façons de ne pas réussir certains projets, avant de trouver, au final, ce qui fera de vous non pas un symbole de réussite de la santé ou du basket, mais de votre entreprise, de votre équipe, de votre domaine d'activité ou même, tout simplement, du jour, pour vous-même. L'échec n'existe pas : je réussis ou j'apprends !

Le taï chi de l'acceptation

Certaines entreprises ont intégré le taï chi dans leur politique de bien-être afin que leurs équipes de travail soient détendues, dynamiques et performantes, capables de gérer leur quotidien professionnel quelles qu'en soient les difficultés. Face à une sensation d'échec au travail, voici un exercice de taï chi de l'acceptation : isolez-vous durant 5 minutes, dans un espace où vous pouvez bouger un minimum, puis mettez-vous, de façon imaginaire, dans la peau d'un expert en art martial. Laissez libre cours à votre inspiration pour enchaîner quelques mouvements lents, comme si vous simuliez une démonstration d'art martial au ralenti, tout en vous répétant intérieurement, au rythme lent de votre souffle : « J'ai fait de mon mieux dans le temps et les conditions donnés. J'ai fait de mon mieux en fonction de mon niveau de maîtrise et de qui je suis. » Commencez et terminez votre séance par un « salut ».

Des excuses ? Oui, mais...

En plus d'un sentiment d'échec, il vous arrive peut-être parfois aussi de ressentir de la culpabilité. Si c'est le cas, libérez-vous-en rapidement avec ces simples mots : « Je m'excuse. » Exprimez vos excuses aux personnes envers lesquelles vous vous sentez vraiment coupable, *mais...* pas n'importe comment ! Ne vous excusez pas d'avoir échoué, ne vous excusez pas d'être nul, incompétent ou autre. Non ! Excusez-vous rapidement et sincèrement « de ne pas avoir réussi à aboutir au résultat attendu comme vous l'espériez sincèrement vous aussi ». Inutile d'en faire des tonnes, une simple phrase peut avoir l'effet libérateur qui vous fera le plus grand bien, à l'oral comme dans un petit mail ou texto rapide.

Un nouveau regard

Vous n'avez pas réussi comme vous l'envisagiez ? OK. C'est fait, c'est ainsi. Et si vous portiez maintenant un nouveau regard sur la situation ? Quels sont les bénéfices et avantages de cette aventure ? À court, moyen et long termes ? Que pouvez-vous en apprendre ? Que peuvent en retenir les autres ? En quoi cela peut-il finalement être un peu (ou très) utile ? Pour vous ? Pour une autre personne ? Pour l'entreprise ?

5 MINUTES

IL EST TEMPS DE PASSER À L'ACTION !

Un projet n'a pas abouti, vous avez fait une erreur dans votre travail, vous n'êtes pas dans les délais ? Plusieurs options de réaction s'offrent à vous : vous plaindre, accuser les autres, vous énerver, vous cacher… ou prendre du recul, accepter, relativiser, trouver les bénéfices et repasser à l'action ! Que pouvez-vous faire maintenant pour réessayer autrement ou bien passer à un autre projet ? Et quel est le premier pas à faire dans cette nouvelle direction ? Faites-le maintenant !

L'argent : une donnée importante, mais pas essentielle

Avoir un travail est une chance et vous le savez. Pourtant, à la fin du mois, votre compte en banque ne semble pas se contenter de cette chance pour se réjouir. Les dettes s'accumulent-elles ? Vous sentez-vous limité dans votre vie par ce revenu toujours insuffisant ? Cette séance va enfin vous libérer de toute cette pression liée à votre salaire et vous aidera à trouver des clés pour atteindre ce sentiment de liberté financière.

Méditation positive de la liberté financière

Cette séance est dédiée à l'amour, particulièrement à celui que vous recevez, que vous attendez, voire dont vous dépendez parfois ! Aussi cette méditation vous invite-t-elle à poser l'intention positive de vous réjouir de l'amour que vous recevez actuellement spontanément et sans effort.

En pratique :

- *Voir le protocole de méditation p. 12.*
- *Pour l'étape 5, concentrez-vous sur votre intention positive du moment : « Je reste ouvert à toute augmentation de revenu pour vivre une totale liberté financière... »*

Ne pas mettre tous les œufs dans le même panier

Si tous vos revenus ne viennent que d'une seule source, évidemment, la pression est plus forte, car si cette source se tarit, vous n'aurez plus rien. Pour mieux respirer, mieux vaut ne pas mettre tous les œufs dans le même panier ! Pourquoi ne pas avoir un revenu complémentaire ? Ou deux activités en parallèle au lieu d'une seule ? Écrire des livres, tenir un blog qui rapporte, du marketing de réseau, du baby-sitting, créer un petit service en fonction de votre passion en micro-entreprise ? D'ailleurs, quelle est votre passion ? En quoi pourrait-elle être utile à d'autres ? Faites-en, si vous le pouvez, une activité professionnelle complémentaire !

Faire plus avec moins

La réalité est ce qu'elle est, aussi en attendant de voir votre compte en banque se remplir, lâchez prise de temps en temps sur vos rêves de bonheur dépendant uniquement de votre argent et revenez à l'essentiel pour apprécier ce que vous avez déjà et profiter de ce qui n'a pas de prix. Listez ce que vous aimez faire et qui ne nécessite pas de dépenses : des câlins à vos enfants, à votre chat, une marche dans la nature, un séjour chez des amis, aller à la plage, au bord d'un lac, lire, les fêtes de village, les animations gratuites en ville, etc.

5 MINUTES

IL EST TEMPS DE PASSER À L'ACTION !

Marre de vous plaindre de votre situation finan cière ? Agissez ! Vous êtes salarié ? Trouvez le moyen d'être augmenté, d'avoir un revenu complémentaire, ou démissionnez et trouvez un boulot avec un meilleur salaire. Vous êtes à votre compte ? Trouvez le moyen de gagner plus avec vos projets actuels ou trouvez de nouveaux projets qui rapportent davantage. Quoi qu'il en soit, veillez à toujours trouver des solutions pour gagner plus tout en respectant vos valeurs et le bien-être de chacun !

ÊTRE À L'AISE CÔTÉ PERSO

En dehors du travail, vous avez sans doute beaucoup d'autres responsabilités, des tâches ménagères en passant par la gestion des papiers administratifs, sans oublier l'organisation du planning familial, amener les enfants à leurs activités, faire le plein de la voiture, organiser les prochaines vacances, etc. Bref, que diriez-vous d'un peu de temps rien que pour vous, tout simplement pour vous faire plaisir sans culpabiliser ?

Si vous voulez vraiment vous libérer de cette pression du quotidien, vous trouverez toujours une solution, des moyens de lâcher prise dans votre vie personnelle pour mieux vous y épanouir.

Je pense à moi sans culpabiliser

Entre deux journées de boulot, deux rendez-vous chez le médecin et le dentiste pour vos enfants ou deux lessives pour toute la famille, il vous arrive sans doute d'avoir un peu de temps pour vous. Mais qu'en faites-vous ? En profitez-vous vraiment, sans culpabiliser de tout ce que vous ne faites pas de plus utile ou urgent durant ce temps-là ? Aussi, voyons comment lâcher prise sur ce sentiment de culpabilité associé au temps de vous faire plaisir à vous-même.

Méditation positive du bonheur à la chaîne

Pas toujours évident de s'accorder des petits moments de plaisir pour soi… D'une part, il faut trouver le temps et, d'autre part, il faut réussir à le savourer sans culpabilité. Pour mieux lâcher prise et en profiter à 100 %, la méditation positive qui suit vous invite à poser votre intention sur le bonheur que vous offrez à vos proches en prenant soin de votre propre bonheur.

En pratique :

- *Voir le protocole de méditation p. 12.*
- *Pour l'étape 5 , concentrez-vous sur votre intention positive du moment : « Mon plaisir nourrit mon bonheur qui nourrit le bonheur de mes proches... »*

L'impact de votre bonheur

Une simple question, mais prenez le temps d'y réfléchir sérieusement : que ressentent vos proches lorsque vous êtes heureux ? Pensez à chacune des personnes qui comptent pour vous. Pour vous aider, vous pouvez aussi vous demander ce que vous ressentez, vous, quand vos proches sont heureux. Si le bonheur est contagieux entre proches, pourquoi culpabiliser de s'en offrir à soi-même ?

S'il n'y avait plus de « mais... »

Vous faire plaisir, pourquoi pas ? Mais... vous n'avez pas le temps. Mais... pas assez d'argent. OK, alors prenons les choses un peu autrement. Respirez profondément, redressez-vous et imaginez que vous avez tout l'argent et le temps suffisant pour faire tout ce que vous aimez faire : que feriez-vous ? Quelles activités aimeriez-vous vraiment pratiquer en plus, en mieux ou davantage ? Des activités sportives, culturelles, sociales, créatives, en lien avec la nature, les animaux, les sensations fortes ? Faites la liste des plaisirs personnels qui contribueraient encore plus à votre bonheur s'il n'y avait plus de « mais... » !

Votre *dreams list*

Et si nous allions un peu plus loin ? Imaginez-vous dans quelques dizaines d'années, en pleine santé et avec de merveilleux souvenirs plein la tête. Quels seraient les rêves que vous aimeriez avoir réalisés d'ici là ? Réalisez votre *dreams list*, ou liste de rêves. Listez les moments incroyables et enthousiasmants que vous aimeriez vivre au moins une fois dans votre vie. Listez les endroits où vous aimeriez aller. Osez rêver ! D'un seul coup, vos petits plaisirs quotidiens deviendront beaucoup moins culpabilisants. Et, qui sait... vous pourriez même en vivre de bien plus grands !

5 MINUTES

IL EST TEMPS DE PASSER À L'ACTION !

Ça y est, c'est décidé, vous allez prendre du temps pour vous ! Alors pourquoi attendre ? Que pourriez-vous faire dans les heures qui suivent, juste pour vous faire plaisir ? Ce n'était pas prévu ? Et alors ? C'est une question d'organisation : inutile d'y passer des heures non plus ! Si vous deviez sauver la vie d'une personne, vous trouveriez le moyen de vous organiser, non ? Tout est question de priorité et d'organisation, alors à vous de jouer ! Faites-vous plaisir dès maintenant !

Quand tout vouloir contrôler joue contre moi

Vous offrir des moments de plaisir pour vous, c'est aussi accepter de lâcher prise sur tout ce que vous ne pourrez plus contrôler dans votre vie et dans celle d'autrui durant ces moments-là. Pas si simple pour tout le monde ! Voyons comment profiter de réels moments de plaisirs sans penser à ce qui se passe là où vous n'êtes pas !

Méditation positive de la confiance en la vie

Quoi qu'il en soit, vous ne pouvez de toute façon pas tout contrôler dans votre vie, ni dans celle d'autrui. Si vous faisiez tout simplement confiance à la vie et acceptiez de lâcher prise sur votre besoin de tout contrôler, pour mieux profiter de chaque instant sereinement et ainsi vous offrir plus de moments de plaisir sans réfléchir ? C'est le thème de la méditation positive qui suit, alors profitez-en !

En pratique :

- *Voir le protocole de méditation p. 12.*
- *Pour l'étape 5 , concentrez-vous sur votre intention positive du moment : « Je choisis de faire confiance à la vie et de profiter de chaque instant sereinement. »*

Intuition ou raison ?

Votre intuition vous dit certainement que vous devriez vous offrir davantage de moments pour vous et faire confiance à la vie, mais votre besoin de contrôle est parfois plus fort que tout... Posez-vous ces quelques questions pour allier votre raison à votre intuition : est-ce bon pour vous de tout contrôler ? Quels sont les avantages ? Les inconvénients ? Et est-ce bon pour vous de lâcher prise le moment de vous plaisir, de temps à autre ? Quels sont les avantages et les inconvénients ? N'hésitez pas à faire un tableau à quatre cases pour bien visualiser l'ensemble et en tirer vos conclusions.

Anticiper pour mieux lâcher

Si cela peut vous aider à lâcher prise pour vous offrir des instants de plaisir, prenez le temps d'anticiper : préparez votre absence, déléguez, prévenez des délais plus longs que d'habitude, réorganisez les choses à l'avance, prévoyez et répartissez les tâches si cela peut vous rassurer. Vous ne pourrez jamais être sûr que tout se passera comme vous l'aurez prévu, mais vous partirez sans doute avec plus de sérénité, en ayant l'impression de tout de même contrôler un peu, même sans être là !

5 MINUTES

IL EST TEMPS DE PASSER À L'ACTION !

Allez, trêve de bla-bla, place à l'action ! Concrètement, quand avez-vous prévu vos prochaines vacances ? Si ce n'est pas déjà fait, posez vos dates dès maintenant, et commencez à les préparer. Mettez votre besoin de contrôle au service de la préparation de ce prochain moment de réel lâcher-prise !

Personne n'est indispensable (même pas moi !)

Lorsque vous regardez votre planning, vous vous rendez compte que ce n'est jamais le bon moment pour prendre du temps pour vous. Vos collègues ont besoin de vous pour un projet pro, ou bien vos amis vous réclament pour un projet perso, ou encore ce sont vos enfants qui insistent pour faire pour une activité avec vous... Bref, vous vous sentez indispensable au bon fonctionnement des choses autour de vous. Mais l'êtes-vous au point d'y sacrifier tout votre temps ?

Méditation positive de l'essentiel

Trouver l'équilibre dans sa gestion du temps passe en grande partie par la recherche de l'équilibre dans sa gestion des priorités. Qu'est-ce qui est essentiel ? Et quel est le temps nécessaire à ces priorités ? Vous êtes forcément essentiel pour plusieurs personnes, mais l'êtes-vous 24 heures sur 24 ? La méditation positive du moment vous invite à poser l'intention de bien intégrer votre « essentialité », tout en lâchant prise sur votre « indispensabilité » !

En pratique :

› *Voir le protocole de méditation p. 12.*

› *Pour l'étape 5, concentrez-vous sur votre intention positive du moment : « Je suis essentiel, mais pas indispensable. »*

Vous êtes essentiel !

N'en doutez jamais, vous êtes essentiel pour certaines personnes, dans leur vie, dans leur cœur ou même, plus simplement, dans leur organisation, leur réussite, leur équipe, leur motivation, etc. Que ce soit au travail, à la maison, dans votre voisinage, dans une association ou un club sportif, dans votre famille ou avec vos amis, en journée ou en soirée, en semaine ou le week-end… Bref, prenez conscience de tout ce qui vous rend essentiel en faisant une liste de ce qui pourrait manquer aux autres si vous deviez vous échapper quelques heures ou quelques jours.

Vous n'êtes pas indispensable !

Vous le savez bien, au fond : personne n'est irremplaçable. Les autres et les projets peuvent continuer leur vie sans vous quelques heures ou quelques jours. D'ailleurs, imaginez que, demain, vous deviez vous absenter toute la journée : comment les autres s'adapteraient-ils ? Fermez les yeux et visualisez la situation !

La métaphore du bras dans le plâtre

Voici une petite métaphore qui devrait vous aider à lâcher prise sur le fait que vous n'êtes pas indispensable, sans avoir peur pour autant d'être oublié ou remplacé. Imaginez que vous avez votre main principale dans le plâtre suite à un accident. Vous trouverez le moyen de vous adapter avec l'autre main, et avec de l'aide, sachant que c'est temporaire. Ça ne sera jamais aussi pratique qu'avec les deux mains, mais vous continuerez à vivre, et même probablement dans le bonheur ! Et, surtout, imaginez le plaisir de retrouver votre main lorsque vous enlèverez votre plâtre ! Rappelez-vous, vos proches vous aimeront toujours à votre retour, et vous restez quoi qu'il arrive essentiel !

Qi gong du lâcher-prise

Visualisez un maître de qi gong faisant des mouvements lents et fluides, en pleine concentration, les deux pieds bien ancrés dans le sol. Imaginez quelques instants que vous entrez dans sa peau. Puis laissez venir des mouvements qui représentent pour vous le lâcher-prise. Pensez « Je suis essentiel » et laissez-vous guider par vos mouvements, puis pensez « Je ne suis pas indispensable » et laissez-vous guider par les nouveaux mouvements.

5 MINUTES

IL EST TEMPS DE PASSER À L'ACTION !

Allez, c'est parti ! Vous l'avez compris, le monde continuera à tourner même si vous vous accordez quelques heures de bien-être par-ci par-là. Alors passez à l'action : prenez votre agenda et posez d'avance deux heures de bulle de bien-être rien que pour vous dans les jours à venir. Prévenez votre entourage, mais laissez-les trouver une organisation pour s'adapter à votre absence.

Libéré, délivré !

Vous avez enfin réussi à trouver du temps pour vous, sans culpabilité et en acceptant de ne pas tout contrôler, de rester essentiel sans être indispensable, et vous pouvez déjà vous en réjouir. Cependant, une fois ce temps libéré, savez-vous réellement l'apprécier sans être perturbé par... votre mental ? Parvenez-vous à profiter pleinement de chaque instant de ce temps précieux que vous vous offrez ? Ce qui suit va vous aider à trouver des clés pour vous libérer l'esprit afin de mieux profiter de votre temps !

Méditation positive de l'instant présent

Nous voici au cœur du lâcher-prise : apprendre à se vider l'esprit ! Se libérer de ses pensées, de son mental, de tout ce qui peut nous passer par la tête en permanence, mettre son cerveau en pause... Lors de vos différentes méditations positives, vous avez sans doute déjà, petit à petit, senti la différence. Alors maintenant, posez tout simplement l'intention positive de profiter de l'instant présent, rien d'autre.

En pratique :

- *Voir le protocole de méditation p. 12.*
- *Pour l'étape 5, concentrez-vous sur votre intention positive du moment : « Je suis ici et maintenant et j'apprécie tout simplement cet instant. »*

Libération du cuir chevelu

Et si vous preniez soin de votre cuir chevelu, comme si vous vouliez « détendre » votre cerveau à travers votre crâne ? Vous pouvez tout simplement poser vos doigts à certains endroits symétriques autour de votre crâne et fermer les yeux. Vous pouvez masser votre cuir chevelu délicatement ou bien, au contraire, le tapoter du bout des doigts, le frotter vigoureusement, le gratter... Bref, libérez-vous l'esprit en libérant votre cuir chevelu !

Respiration de la petite vague intérieure

En faisant appel à votre imagination, que diriez-vous de tester une nouvelle forme de respiration guidée ? La respiration de la petite vague intérieure vous invite à inspirer par le nez, en imaginant que l'air inspiré va circuler telle une petite vague à l'intérieur de votre crâne, remontant le long de votre front, au sommet de votre crâne, puis redescendant à l'arrière de votre tête, le long de votre nuque, jusqu'à votre menton, pour finalement ressortir par la bouche. Respirez ainsi au moins six fois pour ressentir comme une forme de nettoyage intérieur de votre cerveau.

Vos interrupteurs de pensée

Nous avons tous des formes d'« interrupteurs » permettant de mettre nos pensées en pause. Chacun son interrupteur : écouter de la musique, regarder une série télé, marcher en pleine nature, faire l'amour, faire du sport, du ménage, du jardinage, des mandalas, des activités créatives, jouer d'un instrument de musique... Quels sont les vôtres ? Faites-en une liste que vous pourrez ressortir lorsque vous voudrez lâcher prise sur votre mental !

5 MINUTES

IL EST TEMPS DE PASSER À L'ACTION !

Rien de tel qu'un bon massage pour lâcher prise sur le mental ! Prenez rendez-vous dès maintenant pour un massage dans les jours à venir. Vous ne connaissez pas de bon masseur ? Cherchez sur Internet. Pas d'argent ? Sollicitez votre chéri(e) pour un massage, ou une autre personne de votre entourage qui serait sans doute ravie de vous masser, même sans être un pro.

LE TEMPS, MON AMI

Comme beaucoup, vous rêvez peut-être parfois de pouvoir mettre le temps en pause ou au ralenti. Même si, d'un autre côté, votre enthousiasme aurait parfois plutôt tendance à vous faire rêver d'un accélérateur de temps... Vous aimeriez mieux gérer votre temps et ainsi pouvoir en faire plus dans vos journées, sans pour autant avoir la sensation de toujours courir.

Si vous voulez vraiment vous libérer de cette pression du temps, pas d'inquiétude, il y a toujours un moyen de lâcher prise dans votre course après le temps pour mieux vous épanouir à chaque instant et pour longtemps !

Attention, ralentir !

Toujours pressé, dans l'urgence, efficace, dynamique, vous avez parfois l'impression que le temps s'accélère, et cette pression accumulée engendre déjà chez vous un stress chronique. Attention au *burn-out* ! Ralentissez... Respirez... Prenez du recul... Grâce à cette séance, vous trouverez enfin des clés pour adopter le bon rythme de vie, celui qui vous permettra de respirer, profiter, tout en continuant à avancer !

Méditation positive de la souplesse du temps

La principale source de stress en lien avec le temps est notre propre perception du temps. Une minute peut paraître très longue si vous restez en apnée, mais très courte si vous êtes au cœur d'une discussion passionnante ! L'essentiel, pour vivre sereinement et à notre rythme, est de savoir jouer efficacement avec la souplesse du temps. C'est l'intention positive qui est ici proposée.

En pratique :

- *Voir le protocole de méditation p. 12.*
- *Pour l'étape 5, concentrez-vous sur votre intention positive du moment : « Je choisis, à partir d'aujourd'hui, de jouer avec la souplesse du temps. »*

Évaluation de vos temps

La notion de temps est très subjective et notre perception dépend principalement de deux facteurs : le plaisir et l'urgence. Plus une activité est urgente et moins elle est agréable, et plus elle nous met de pression ! Donc commencez par identifier vos différents temps ! Reprenez votre agenda de ces sept derniers jours et évaluez pour chaque moment, sur une échelle de 1 à 10, le niveau de plaisir pris pour chaque activité, puis le niveau d'urgence qui y est associé. Et coloriez en quatre couleurs vos quatre types de temps (urgent/agréable, urgent/désagréable, pas urgent/agréable, pas urgent/désagréable). Cette vision globale vous aidera déjà à mieux réorganiser votre temps !

Vos temps d'efficacité

Quelle est l'heure à laquelle vous vous sentez particulièrement efficace dans une journée ? Plutôt de bon matin au réveil ou en fin de matinée ? En début d'après-midi ou en fin de journée ? La nuit ? Et si vous réserviez deux heures de ce créneau à votre tâche la plus « pressante » pour vous actuellement, plutôt que de l'étaler sur dix heures moins efficaces dans la semaine ? Vous en seriez plus rapidement libéré, donc de cette pression aussi, et seriez enfin plus disponible pour tout ce qui vous motive le plus.

Le plaisir à la tâche

Concernant les temps les moins agréables, mais qui vous mettent le plus de pression, par exemple finir un dossier peu passionnant ou du bricolage à la maison, que pourriez-vous faire pour rendre ces tâches plus intéressantes ou le temps passé dessus plus agréable ? Autrement dit, comment lâcher prise sur la pression en *boostant* votre motivation à la tâche ? Imaginez que vous preniez finalement vraiment du plaisir : quelles seraient les conditions qui favoriseraient ce plaisir ?

Vous n'êtes pas seul !

Si une tâche très urgente vous met vraiment la pression, pourquoi ne pas la déléguer ? Qui, dans votre entourage, pourrait soit la réaliser totalement, quitte à investir pour la rémunérer ou lui proposer un échange de services, soit au moins vous aider ? Rappelez-vous bien qu'à plusieurs, tout devient plus facile ! Même si ce n'est que pour vous soutenir ou vous encourager.

5 MINUTES

IL EST TEMPS DE PASSER À L'ACTION !

Vous avez une urgence et vous en avez assez de vous sentir sous pression ? Passez à l'action ! Que pouvez-vous déléguer pour vous dégager du temps ? Ou bien quel délai supplémentaire pouvez-vous obtenir pour élargir de façon réaliste le temps imparti à votre projet ? Que pouvez-vous faire dès maintenant pour avancer ne serait-ce qu'un peu sur votre projet ? Ne remettez pas votre action à demain : agissez maintenant, ne serait-ce que d'un pas, pour libérer immédiatement votre pression.

Patience est mère de sûreté

Dans ce monde où tout file à toute vitesse, où toute information ou communication est disponible en un simple « clic », il n'a jamais été aussi difficile d'être patient. Heureusement, la patience est une vertu qui peut se développer n'importe quand ! Par le biais des exercices qui suivent, vous allez enfin vous libérer de votre impatience et trouver des clés pour vous apaiser l'esprit et renforcer votre belle patience.

Méditation positive de la patience

Afin de pouvoir s'accomplir dans une activité professionnelle, il est avant tout essentiel de se l'autoriser totalement. Il arrive que nous nous limitions dans notre volonté de nous épanouir dans le travail, aussi nous vous invitons ici à vous laisser guider par une méditation positive dans l'intention de vous autoriser pleinement à vous accomplir professionnellement.

En pratique :

› *Voir le protocole de méditation p. 12.*

› *Pour l'étape 5, concentrez-vous sur votre intention positive du moment : « La patience est un art permettant de savourer chaque instant. »*

Pressé, moi ? Pourquoi ?

Vous avez toujours hâte et votre impatience peut s'exprimer aussi bien dans votre travail, qu'à la maison, avec vos proches, sur vos projets de vie ou même simplement lors d'une pub pendant votre série préférée. Mais pourquoi êtes-vous si impatient ? C'est la question, simple mais pourtant essentielle, que vous vous poserez à chaque fois que vous vous sentirez pressé que la suite de votre journée ou de votre vie arrive. Le fait de vous poser la question apaisera déjà un peu votre impatience !

Votre carnet d'impatience

À chaque fois que vous ressentirez de l'impatience, ayez à présent le réflexe de sortir un petit carnet et pour y noter tout ce que vous avez hâte de voir se réaliser, tout ce qui met votre patience à rude épreuve. Jour après jour, vous serez sans doute surpris de la récurrence ou au contraire de la diversité de ce qui vous met une telle pression inutile ! Il sera alors plus facile pour vous de lâcher prise dessus.

La minute zen

Lorsque vous sentez monter en vous cette pression du temps liée à votre impatience, prenez un instant de recul et offrez-vous une « minute zen ». Peu importe ce que vous en ferez, du moment que vous lancez votre chrono pour une minute seulement, dans l'intention de vous vider l'esprit et de vous reconnecter à votre zénitude. Cela peut passer par une minute de silence, de rêverie, de musique, de respiration profonde, de méditation, d'observation d'un paysage, d'un aquarium ou des passants dans la rue. Offrez-vous juste une minute zen ! Et, dès que la minute est passée, revenez à ce que vous faisiez avant, vous aurez alors l'esprit de nouveau libéré.

5 MINUTES

IL EST TEMPS DE PASSER À L'ACTION !

Vous avez vraiment hâte de terminer une tâche ou de passer à une autre, de vivre une histoire d'amour ou de trouver un nouveau boulot ! Cependant, cette impatience occupe votre esprit en permanence et vous n'en pouvez vraiment plus. Il est temps d'agir ! Faites quelque chose, dans l'heure qui vient, qui vous donne la sensation d'avancer concrètement dans le sens de ce qui vous donne hâte ! Agissez, puis profitez du bien-être que vous ressentirez juste après être passé à l'action.

Quand les TTU (Très Très Urgent) m'envahissent…

Vous arrive-t-il de vous sentir submergé par plusieurs urgences à la fois ? Tout vous semble prioritaire, alors comment avancer sur tous les fronts en même temps ? Cette séance va vous aider à enfin vous libérer de toute cette pression liée aux priorités et à trouver des clés pour vous organiser de façon efficace et sereine.

Méditation positive des priorités du bonheur

Lorsque tout vous semble prioritaire et que vous avez cette sensation d'avoir la tête sous l'eau, il est indispensable de prendre de la hauteur et de repositionner ce qui est essentiel ! La méditation qui suit vous invite à poser l'intention positive de vous recentrer sur ces priorités essentielles : celles qui contribuent à votre bonheur et à celui de vos proches.

En pratique :

› *Voir le protocole de méditation p. 12.*

› *Pour l'étape 5, concentrez-vous maintenant sur votre intention positive du moment : « Mes priorités sont liées à ce qui est essentiel à mon bonheur et à celui de mes proches. »*

L'art des listes

Votre esprit est saturé, vous avez tellement de choses à faire et vous ne savez plus par où commencer. Respirez et lâchez prise quelques instants sur les urgences pour prendre le temps de lister tout ce que vous avez à faire. Pensez à ce que vous avez à faire chez vous, pour votre famille, pour le travail, au niveau administratif, courses, ménage, etc. Pensez à court terme, mais aussi à moyen et long termes ! Listez vraiment tout ce qui vous vient à l'esprit, sans limite. Cela vous permettra de vous vider l'esprit ou, au moins, de vous libérer de la peur d'oublier quelque chose d'essentiel.

Méthode GTD

Maintenant, en vous inspirant des principes de la méthode GTD (*Getting Things Done*), une méthode d'organisation et d'efficacité pour réussir, relisez la liste que vous avez réalisée et, pour chacune des tâches, demandez-vous si elle est réellement urgente ou non. Si oui, notez « urgent » à côté. Puis reprenez la liste au début et demandez-vous, pour chaque tâche, si elle est importante ou non. Si oui, notez « important ». Puis entourez ou surlignez les tâches urgentes et importantes. Vous avez maintenant une première liste de tâches prioritaires ! N'est-ce pas déjà libérateur ?

Méthode des « petits pas »

La méthode des « petits pas », une autre méthode bien connue de gestion des priorités et de passage efficace à l'action, vous invite à avancer progressivement, petit pas par petit pas (comme son nom l'indique !). Donc, à présent, reprenez votre liste de tâches prioritaires et vérifiez si chacune d'elles est réalisable en moins d'une heure. Si ce n'est pas le cas, déterminez la première action à réaliser en moins d'une heure pour avancer. Vous aurez ainsi une liste de tâches prioritaires, mais en plus réalisables de façon concrète et réaliste dans les jours à venir. Ne vous sentez-vous pas encore plus léger ?

Dix actions en dix jours

Maintenant que vous avez votre liste de tâches prioritaires et réalisables concrètement, voici une dernière méthode vous permettant de rythmer vos priorités grâce à une gestion précise et souple du temps. Sélectionnez les dix actions de votre liste les plus importantes et urgentes et engagez-vous à les réaliser dans les dix jours. Au minimum, engagez-vous à réaliser au moins une de ces tâches chaque jour, mais libre à vous de prendre de l'avance et d'en réaliser plus d'une dans la même journée !

5 MINUTES

IL EST TEMPS DE PASSER À L'ACTION !

Marre de vous plaindre d'être toujours débordé ? Avec les différentes méthodes de gestion du temps et des priorités que vous avez mises en application, il ne vous reste plus qu'à... passer à l'action ! Alors, dans un premier temps, engagez-vous publiquement en affichant par exemple votre liste sur votre réfrigérateur, sur un mur de votre bureau ou même sur vos réseaux sociaux. Il sera moins facile pour vous de repousser à plus tard. Ensuite... lancez-vous dans la réalisation d'une première tâche de votre liste. Allez, c'est parti ! À vous de jouer !

La force du « non »

En plus de tout ce vous avez comme responsabilités dans votre vie quotidienne, il vous arrive sans doute de vous proposer pour aider vos proches, vos collègues, vos amis ou vos voisins, et c'est tout à votre honneur. Cela dit, à force de rendre service aux autres, ils finissent par en prendre l'habitude et votre aide peut vite leur devenir indispensable. Aussi, leur dire « non » peut finir par vous sembler impossible. Ce qui suit va vous permettre d'enfin lâcher prise sur votre peur de dire « non » et de trouver les clés pour malgré tout entretenir des relations plus saines et justes avec tout votre entourage.

Méditation positive du « oui »

Si l'idée de dire « non » à quelqu'un vous met mal à l'aise, c'est que vous allez devoir apprendre à lâcher prise sur la peur de dire « non ». Mais, dans un premier temps, commencez par reprendre du plaisir à dire « oui » sincèrement et non par contrainte ou, justement, par peur de dire « non » ! C'est ce à quoi vous invite ici la méditation positive : poser votre intention sur le plaisir de dire « oui ».

En pratique :

- *Voir le protocole de méditation p. 12.*
- *Pour l'étape 5 , concentrez-vous sur votre intention positive du moment : « Quel plaisir de dire "oui" ! »*

Dire « non » à quoi ?

Il est essentiel d'être à l'écoute de soi, de ses limites, et de les respecter. Pour cela, il pourrait vous êtes utile de vous poser les bonnes questions avant de pouvoir oser dire « non ». À bien y réfléchir, à quoi aimeriez-vous trouver la force de dire « non » ? À qui ? À quels types de demandes ? Et, surtout, pourquoi aimeriez-vous dire « non » ? Quelles sont les véritables raisons qui vous pousseraient, si vous vous écoutiez davantage, à lâcher prise sur cette peur du « non » ?

Les bénéfices du « non »

Voici une autre question intéressante à se poser pour pouvoir enfin se libérer de cette peur du « non » : de quoi avez-vous peur justement ? Qu'avez-vous à perdre à oser dire « non » ? Quels sont les bénéfices de la situation actuelle pour vous ? Qu'avez-vous à gagner à toujours dire « oui » ? Et êtes-vous prêt à lâcher prise non pas simplement sur la peur de dire « non », mais surtout sur les bénéfices de ce comportement ?

La main sur le cœur

Voici une technique pour vous aider à dire « non » avec amour. Aujourd'hui, dès qu'une personne dira « non », mettez la main sur votre cœur et souriez comme pour la remercier de vous montrer qu'il est possible de dire « non » en toute bienveillance. Ayez également ce réflexe dès que vous êtes amené à dire « non », même pour des petites choses, comme pour accompagner votre refus par une phrase non verbalisée : « Je ne peux pas te dire "oui", mais je t'aime beaucoup quand même. » Quand vous aurez besoin de dire un

« non » moins facile pour vous, vous pourrez alors vous aider en plaçant votre main sur votre cœur, ce qui vous donnera de la force pour oser.

5 MINUTES

IL EST TEMPS DE PASSER À L'ACTION !

C'est décidé, il y a une demande ou une personne en particulier à qui vous aimeriez trouver la force de dire « non ». Alors passez à l'action ! Mettez la main sur le cœur, réfléchissez à la raison pour laquelle il est important pour vous de dire « non », à ce que vous avez à y gagner, mais aussi à y perdre, réfléchissez à des alternatives pour aider l'autre à avancer sans votre aide directe et avec le sourire ; osez lui exprimer votre « non » avec courage et bienveillance !

Chapitre 3

Lâcher prise dans ses relations aux autres

Partager, c'est aimer. À plusieurs, tout devient facile et l'union fait la force, n'est-ce pas ? Mais alors, pourquoi les relations avec les autres ne sont-elles pas aussi simples que ces dictons ?! Parce que chaque individu est unique, que nous avons tous une personnalité propre, que nous avons tous été éduqués différemment et que nous avons donc à la fois des valeurs, des principes, des priorités, des croyances et des habitudes différentes. Et même si nous parlons la même langue, nous n'avons pas le même vocabulaire. Aussi, pour nous épanouir au milieu de toutes ces relations qui forment le socle de notre vie sociale, il nous faut apprendre à vivre ensemble et parfois à... lâcher prise !

L'AMOUR, TOUJOURS

Vous l'aimez, mais quelque chose est bloqué entre vous ! La passion du début est bien loin derrière vous et, aujourd'hui, vous n'arrivez plus à vous comprendre, vous ne parvenez plus à communiquer sans que ça se termine automatiquement en dispute... Pourtant, vous l'aimez, et vous savez bien au fond de vous que c'est réciproque, même si ces sentiments sont mis à rude épreuve jour après jour. Vous étouffez dans cette situation et vous voulez vraiment sortir enfin la tête de l'eau !

Bonne nouvelle, si vous l'aimez vraiment et que l'amour est réciproque, il y a toujours une solution ! Et vous trouverez les moyens de lâcher prise dans votre vie amoureuse pour mieux vous y épanouir !

Un jour, mon prince viendra...

Vous savez que l'homme idéal ou la femme parfaite n'existent pas, pourtant, c'est plus fort que vous, vous êtes incapable de lâcher prise sur la recherche de perfection chez votre partenaire. Au cours de cette séance, vous allez porter un nouveau regard sur cette personne qui partage votre vie et trouver des clés pour valoriser ce qui est déjà parfait chez elle et pour apprendre à aimer tout autant ses imperfections !

Méditation positive du souvenir idyllique

L'un des points communs aux couples qui durent est qu'ils sont capables de raconter avec émotion leur première rencontre ou certains des plus beaux moments vécus ensemble. Aussi, pour vous aider à lâcher prise sur la quête de perfection, vous êtes invité à commencer par une méditation dans l'intention positive de vous reconnecter avec l'un des meilleurs moments de votre vie de couple.

En pratique :

- *Voir le protocole de méditation p. 12.*
- *Pour l'étape 5, concentrez-vous sur votre partenaire de cœur et laissez venir à vous l'image d'un moment parfait que vous avez partagé ensemble un jour. Rappelez-vous les détails, tout ce qui vous entourait, les bruits, les odeurs, les saveurs, visualisez les couleurs, ressentez les matières et le contact peut-être avec l'autre. Revivez cette scène comme si vous y étiez de nouveau.*

Prenez soin de son corps

La personne que vous avez choisie dans votre vie n'est peut-être pas parfaite physiquement, mais la perfection existe-t-elle ? Et si, pour lâcher prise sur cette quête d'un corps idéal, vous étiez aux petits soins du corps beau et imparfait de votre partenaire ? Depuis combien de temps ne lui avez-vous pas proposé un bon massage des pieds ou des épaules ? Ou demandez-lui simplement ce que vous pourriez faire pour l'aider à se sentir mieux dans son corps.

Intéressez-vous à ses passions

Vous n'avez peut-être pas les mêmes idées, les mêmes opinions ou les mêmes principes, mais souvenez-vous d'une chose essentielle : ce n'est pas parce que deux êtres sont différents que l'un est forcément meilleur que l'autre. Et si vous lâchiez prise sur votre attente de l'être qui serait en total accord avec vous sur tout ? Que diriez-vous de vous intéresser sincèrement à ce qui intéresse l'autre, à ce qui le passionne, juste pour lui faire plaisir ?

Ses atouts de séduction !

Rappelez-vous le premier jour, ce tout premier jour où vous avez senti au fond de vous que c'était *la* bonne personne pour vous ! Que vous disait votre intuition ? Qu'est-ce qui vous a séduit chez cet être si attirant malgré ses imperfections ?

Prenez le temps de créer la liste de tout ce qui vous a attiré chez l'autre… et de tout ce qui vous séduit encore aujourd'hui malgré tout !

5 MINUTES

IL EST TEMPS DE PASSER À L'ACTION !

Bon, terminé de se plaindre pour un oui ou pour un non ! Vous voulez raviver la flamme de cet amour entre deux êtres imparfaits ? Passez à l'action ! Organisez un petit week-end presque parfait en amoureux. Même si toutes les conditions ne sont pas idéales, même s'il ne s'agit que d'une journée et demie, à deux pas de chez vous, dans un hôtel premier prix et à pique-niquer dans un parc… L'essentiel, c'est de trouver un compromis agréable qui vous plaira à tous les deux et que vous en profitiez pour recréer votre bulle à deux.

L'herbe n'est pas plus verte ailleurs

En voyant d'autres couples, vous arrive-t-il de vous demander si vous avez choisi la bonne personne pour partager votre vie ? Ce qui est intéressant, c'est de se dire que d'autres doivent se poser la même question en regardant votre couple à vous. Eh oui, vous en inspirez certainement, tout comme d'autres vous inspirent ! Par le biais de cette séance, vous allez apprendre à lâcher prise sur cette image du couple idéal et à apprécier, revaloriser et renforcer tout ce qui rend votre couple si unique, et parfois même enviable.

Méditation positive du couple unique

Parfait ou non, votre couple est unique et, comme toute chose unique, il est rare et précieux, donc il ne tient qu'à vous d'en prendre soin. Pour cela, il est avant tout essentiel d'en avoir conscience et de mettre votre intention positive sur la chance que vous avez déjà au sein de votre couple. C'est pourquoi nous vous proposons ici de poser l'intention positive de renforcer votre sentiment de gratitude par rapport à votre couple.

En pratique :

› *Voir le protocole de méditation p. 12.*

› *Pour l'étape 5, concentrez-vous sur votre intention positive du moment : « Notre couple est unique et nous avons de la chance. Merci à la vie... »*

Zoom sur votre couple

Vous avez parfois du mal à vous afficher en public comme des amoureux ou bien vous n'y pensez même plus ? Que diriez-vous de lâcher prise sur le regard des autres et de vous recentrer sur votre propre regard positif sur votre couple ? Depuis combien de temps n'avez-vous pas fait une photo de couple ? Et si vous vous le faisiez aujourd'hui ? Ou, mieux encore, et si vous preniez rendez-vous pour un *shooting* photo en amoureux ? Ce serait l'occasion d'afficher un nouveau cadre dans votre séjour ou dans votre chambre !

Un code pour le mode cocooning

Vous auriez parfois envie de vous faire chouchouter, mais l'autre ne le comprend pas, et ça peut être très frustrant, non ? Dites-vous bien qu'il en est certainement de même pour votre partenaire. Vous rêveriez même qu'il puisse lire vos pensées comme par magie dans ces moments-là ! Inventez ensemble un code pour faire passer ce genre de message à l'autre sans avoir besoin de lui dire. « Quand je prends mon petit coussin rose, c'est que j'ai besoin d'être *cocoonée* ! » ou « Quand je t'appelle "ma chérie", c'est que j'aimerais être chouchouté. »

5 MINUTES

IL EST TEMPS DE PASSER À L'ACTION !

Vous voulez vraiment donner un nouvel élan à votre couple et lui offrir autant de chances que tout autre de s'épanouir ? Alors passez à l'action ! Lancez-vous dans un projet à deux. Un projet de déménagement, d'investissement, de voyage ou même un projet associatif ou professionnel. Il a été prouvé que c'est l'un des facteurs communs des couples qui durent, alors n'attendez plus et faites de nouveaux projets ensemble, dès maintenant !

Jalousie, quand tu nous tiens...

Si la jalousie est au cœur de vos relations de couple, vous allez à présent porter un regard neuf sur la situation et trouver des clés pour reprendre confiance en l'autre, en votre couple et en vous-même.

Méditation positive de la confiance en nous

Pour bien commencer, rien de tel que de poser une nouvelle intention positive, ici liée à la confiance au sein du couple.

En pratique :

› *Voir le protocole de méditation p. 12.*

› *Pour l'étape 5, concentrez-vous sur votre intention positive du moment : « J'ai confiance en mon couple, j'ai confiance en lui/elle, j'ai confiance en moi... »*

Un geste tendre peut faire la différence

Le contact physique est essentiel pour maintenir un lien entre deux personnes, en particulier au sein d'un couple. Une caresse de temps en temps ou même une petite marche main dans la main suffisent à produire des hormones qui entretiennent le lien amoureux. Alors que diriez-vous, par exemple ce soir, tout simplement, de lâcher prise sur votre jalousie en focalisant plutôt votre attention sur vos gestes tendres envers l'autre, sans rien attendre en retour ?

Confidences pour confidences

Saviez-vous que l'un des facteurs communs des couples qui durent est leur facilité à avoir des discussions tels des meilleurs amis ? De simples confidences sincères permettent d'entretenir une certaine confiance au sein du couple. Peut-être pourriez-vous lâcher prise sur votre jalousie en reprenant le temps de vous confier à l'autre comme à un (une) meilleur(e) ami(e) ?

Les hommes viennent de Mars et les femmes de Vénus

Si une femme aime se sentir rassurée de l'amour que l'autre lui porte dans son couple, l'homme a besoin de son côté d'être rassuré sur sa contribution au bonheur de l'autre. Autrement dit, pour lâcher prise sur votre jalousie, prenez le temps de dire à votre femme que vous l'aimez, ou montrez-lui par des petites attentions, ou rappelez à votre homme que, même si ce n'est pas tous les jours facile, vous avez de la chance de l'avoir dans votre vie, que sans lui, rien ne serait pareil.

5 MINUTES

IL EST TEMPS DE PASSER À L'ACTION !

Allez, y'en a marre de ce sentiment de jalousie ! Vous avez le choix : vous plaindre ou... agir. Et si vous preniez les choses en main pour séduire de nouveau la personne chère à votre cœur ? Si vous ressentez cette jalousie, c'est que vous l'aimez encore. Alors prouvez-le ! Et, pour commencer, recommencez à prendre soin de vous ; de la tête aux pieds en passant par les vêtements et votre parfum d'alors, redonnez-lui envie de vous ! Rendez-vous irrésistible.

Le sexe sans complexe

Votre vie sexuelle n'est pas parfaite ? Rassurez-vous, c'est le cas de la grande majorité des couples. Cependant, bonne nouvelle, il est toujours possible de l'améliorer, en lâchant prise sur certaines attentes ou peurs et en trouvant les clés qui permettront à chacun de vous d'avoir du plaisir tout en apportant du plaisir à l'autre et de respecter ses envies, ses fantasmes, mais aussi ses limites !

Méditation positive intime

Il n'est pas toujours facile de stopper ses pensées dans des moments qui ne s'y prêtent pas. Comment peut-on penser à sa mère, au linge à ranger ou au travail alors que notre partenaire titille notre libido savoureusement ? Pour libérer enfin ces pensées parasites, en prévision d'un prochain moment intime, offrez-vous quelques instants de méditation avec l'intention positive de stimuler votre libido amoureuse.

En pratique :

- *Voir le protocole de méditation p. 12.*
- *Pour l'étape 5 , concentrez-vous sur votre intention positive du moment : « Je suis ici et maintenant, nos corps vont bientôt s'unir dans l'amour et je laisse place à l'émergence de mes rêveries tendres, coquines ou érotiques. »*

Valorisez vos atouts de charme

Dans les moments d'intimité, il peut vous arriver d'avoir quelques complexes physiques qui vous empêchent de profiter pleinement de l'instant présent. Et si vous libériez ces complexes pour vous concentrer sur ce que vous pouvez valoriser ? De nos jours, de nombreux sous-vêtements permettent de mettre en avant les atouts respectifs de chacun, et ainsi de porter l'attention sur ce qui le mérite dans ces moments-là. Allez donc faire un tour dans un magasin de lingerie sexy. Et faites un petit détour au rayon senteurs, car, à la lumière de la bougie, tous les corps sont encore plus sexys !

Les petits mots glissés à l'oreille…

Avec le temps, durant les moments intimes, les petits mots doux ne trouvent souvent plus leur place. Si une femme aime s'entendre dire qu'elle est belle, l'homme, lui, adore qu'on lui rappelle à quel point il est viril ! Pour toucher l'autre en plein cœur, quels seraient selon vous les mots qu'il rêverait d'entendre ? Si vous en avez une idée, pensez à les lui exprimer et, sinon, lâchez prise sur la peur du ridicule et osez le lui demander dans un petit moment de complicité.

Profitez-en pour lui exprimer les mots qui vous toucheraient vous le plus dans ces moments-là !

Réveillez votre instinct animal

Vous arrive-t-il parfois de ressentir un désir soudain, mais sans oser l'assumer, l'exprimer ou le mettre en action ? Vous avez peut-être peur de surprendre l'autre, de le déranger, ou bien même vous avez honte de ces instincts naturels ? N'attendez plus, entraînez-vous à réveiller cet instinct animal, osez faire des bruits tels les rugissements d'un félin affamé face à sa proie, osez sortir vos griffes ou mordiller l'autre sauvagement ! Et si l'envie vous prend, osez lui envoyer un petit message coquin, même en pleine journée.

5 MINUTES

IL EST TEMPS DE PASSER À L'ACTION !

Vous le sentez, c'est le moment de prendre les choses en main pour raviver la flemme sexuelle entre vous ! De nos jours, il existe de nombreux livres sur le sujet, comme *Mars et Vénus sous la couette*, des films ou des romans comme *Cinquante Nuances de Grey*, des soirées ambiance TupperWare® mais pour découvrir les jouets coquins, voire des stages tantra

→

pour l'harmonie dans les couples ! Vous n'avez qu'un pas à faire aujourd'hui, mais il pourra en entraîner bien d'autres : renseignez-vous sur ces sources d'inspiration pour votre libido !

FAMILLE, JE VOUS AIME

Vous êtes en admiration devant ces familles unies et épanouies, mais dans votre famille, ce n'est pas aussi simple. On dit souvent que l'on choisit ses amis mais pas sa famille, et vous êtes bien d'accord avec ce dicton. Si vous aviez pu choisir, tout serait sans doute plus facile, n'est-ce pas ? Les conflits familiaux, ça vous connaît ! Entre les susceptibilités, les principes ou les reproches des uns et l'impulsivité, l'esprit de rébellion ou l'indifférence des autres, vous rêvez parfois de changer de famille d'un coup de baguette magique. Pourtant, une partie de vous sait que l'amour devrait être plus fort que tout et que la valeur de la famille devrait suffire à vous libérer de toute cette pression. Mais ce n'est pas toujours le cas...

Si vous voulez vraiment améliorer la situation au sein de votre famille, vous trouverez les moyens de lâcher prise pour mieux vous y épanouir !

Faire baisser la pression familiale

Quand ce ne sont pas vos parents qui vous mettent la pression pour réussir ou pour terminer un projet, c'est vous qui mettez la pression sur vos enfants ou d'autres membres de votre famille. Vous allez enfin vous en libérer et trouver des clés pour faciliter des relations légères et agréables entre vous tous.

Méditation positive de la solution intérieure

Pensez à une situation familiale qui vous met une certaine pression. Fermez les yeux et offrez-vous une séance de méditation avec l'intention de trouver en vous la solution pour lâcher prise sur cette situation.

En pratique :

› *Voir le protocole de méditation p. 12.*

› *Pour l'étape 5, concentrez-vous sur votre intention positive du moment : « La solution est en moi… je la laisse venir à moi ! »*

Une décision qui vient de votre cœur

Vous avez une décision à prendre et vous vous retrouvez coincé au sein de votre famille entre les avis, les attentes et les conseils des uns et des autres. Ne rejetez pas ces éclairages, accueillez-les avec bienveillance en les dissociant de la personne qui vous les apporte. Puis listez les avantages de chaque option et, surtout, prenez votre décision finale avec votre cœur à vous, votre intuition personnelle ! Vous verrez que tout se passera alors au mieux.

Prenez rendez-vous pour des tête-à-tête

Pas toujours facile de se rapprocher d'une personne de votre famille sans qu'une autre n'en souffre ou ne donne son avis sur la question… Pour entretenir chacune de vos relations familiales et y trouver le bon équilibre, listez les membres de votre famille qui vous sont importants et proposez-leur à tous un moment en tête à tête dans les semaines à venir.

La liberté au bout des doigts

Lorsque vous sentez une forme de pression de votre mère, votre père ou d'un autre membre de votre famille qui s'immisce selon vous un peu trop dans votre vie, offrez-vous une minute d'ancrage libérateur. Pour cela, pressez le bout de votre pouce avec le bout de votre index en respirant profondément trois fois et en vous répétant : « Je suis libre, je fais mes choix, j'aime ma famille, mais c'est ma vie ! » Vous pourrez ensuite appeler la personne de votre famille qui vous met parfois un peu de pression par rapport à vos choix de vie.

5 MINUTES

IL EST TEMPS DE PASSER À L'ACTION !

À force de ressentir cette pression familiale, vous avez remarqué que vous aviez parfois tendance à la reproduire sur d'autres, enfants, parents, frères et sœurs ou autre… Il est temps à votre tour de lâcher prise sur vos attentes vis-à-vis de vos proches ! Dès maintenant, prenez le temps d'écouter les membres de votre famille, en veillant à rester bienveillant, sans opinion tranchée, sans jugement ni conseil avisé. Posez-leur des questions sur eux et intéressez-vous sincèrement à eux sans rien attendre en retour.

Prendre son envol…

Vous aimeriez parfois prendre votre envol, mais quelque chose vous retient, vous lie, quoi qu'il arrive, à votre famille. Grâce à cette séance, vous allez apprendre à trouver le bon équilibre entre la dépendance affective et la fuite, à évoluer de façon autonome au sein d'une famille tout de même unie !

Méditation positive de la liberté familiale

Nous vous invitons ici à vous offrir une séance de méditation pour vous aider à lâcher prise en posant particulièrement l'intention positive de parvenir à trouver votre espace de liberté au sein de votre famille.

En pratique :

› *Voir le protocole de méditation p. 12.*

› *Pour l'étape 5, concentrez-vous sur votre intention positive du moment : « Je peux trouver la liberté au sein de ma famille… Je vais la trouver… Je la trouve… Je la garde ! »*

Rappelez-leur que vous les aimez

Ce n'est pas parce que vous n'allez pas dans le sens d'une personne que ça signifie que vous ne l'aimez plus. Ça peut paraître évident, c'est pourtant souvent ainsi que c'est perçu. Aussi, pensez à rappeler régulièrement aux membres de votre famille que vous les aimez : le moment venu d'oser leur exprimer un désaccord, vous pourrez lâcher prise sur votre peur de les décevoir ou de mettre de la distance entre vous ! À qui pouvez-vous exprimer votre amour au sein de votre famille aujourd'hui ?

Quelques pas vers la liberté

Vous passez beaucoup de temps avec certaines personnes de votre famille en particulier ? Mettez un peu de distance entre vous, pour mieux les retrouver ensuite. Offrez-vous, par exemple, au moins 10 minutes de marche sans personne avec vous. Profitez de ce moment en tête à tête avec vous-même pour apprécier votre liberté à chaque nouveau pas, comme si, à chacun de ces pas, vous gagniez un peu plus d'autonomie au sein de votre famille !

Un petit sevrage dans le plaisir

Vous avez du mal à envisager de passer plus de quelques jours sans aucun contact avec telle ou telle personne de votre famille ? Votre dépendance est trop forte et il est temps de lâcher prise, non pas sur cette relation, mais sur cette dépendance ! Pour cela, prévenez dès à présent cette personne que vous l'aimez fort et qu'elle ne s'inquiète pas, car vous ne la contacterez pas durant les trois jours à venir. Expliquez-lui que vous faites un test et que vous la rappellerez juste après pour en parler. Puis programmez-vous durant ces trois jours le maximum d'activités amusantes et agréables !

5 MINUTES

IL EST TEMPS DE PASSER À L'ACTION !

C'est décidé, vous voulez vous sentir libre de dire, faire ou être ce que bon vous semble, et peu importe ce qu'en pense votre famille ! Pour vous le prouver, que pourriez-vous faire que vous remettez sans arrêt à plus tard en raison de votre famille ? Et quel premier pas dans ce sens pourriez-vous faire immédiatement, pour passer à l'action dès maintenant ?

... pour s'affirmer...

Il existe toujours des personnalités plus fortes que d'autres au sein d'une famille, et certaines prennent parfois le dessus, voire le contrôle, sur les autres ! Libérez-vous de toute relation de domination et trouvez votre juste place au sein de votre famille.

Méditation positive de l'équilibre familial

Toute famille traverse des périodes de hauts et de bas, et il n'est pas toujours facile de se rappeler les meilleurs moments vécus en famille, surtout lorsque l'on est en plein creux... Grâce à cette méditation positive, reconnectez-vous à vos meilleurs souvenirs de famille !

En pratique :

- *Voir le protocole de méditation p. 12.*
- *Pour l'étape 5, concentrez-vous sur votre intention positive du moment : prenez un instant pour vous rappeler une période durant laquelle votre famille vivait dans un équilibre serein, où chacun trouvait sa place, de façon autonome et harmonieuse. Imaginez votre famille retrouvant cette harmonie aujourd'hui et pour toujours.*

Les 2 millimètres qui feront toute la différence

Lorsque vous êtes face à une personne qui a tendance à prendre le contrôle sur vous, vous arrive-t-il de baisser les yeux et de lâcher prise, mais pas dans le bon sens, vous abandonnant à l'autre sans défense ? Si un membre de votre famille s'adresse à vous ainsi, pensez aux 2 millimètres ! Entraînez-vous devant le miroir : regardez-vous et redressez-vous comme si vous aviez un fil invisible qui vous étirait de 2 millimètres vers le haut à partir de votre sternum (point central au-dessus de la poitrine). Ces 2 millimètres feront toute la différence dans votre posture, mais aussi, par conséquent, dans votre attitude et votre réaction : vous trouverez la force de garder la tête haute face à l'autre !

Face au miroir

Lorsque vous pensez à certaines personnes de votre famille, vous n'osez pas imaginer leur tenir tête ou leur refuser quoi que ce soit. Mais de quoi avez-vous peur ? Installez-vous face à un miroir en pensant à ces relations et regardez-vous droit dans les yeux, en silence, pendant cinq minutes sans bouger, en vous posant juste cette question : « De quoi ai-je peur ? » Et laissez venir les pensées, et surtout les émotions qui s'y joindront (larmes, rires, honte, soulagement...), sans les retenir, en les accueillant avec bienveillance pour leur permettre de s'exprimer et ainsi de vous en libérer.

Petites manipulations en famille…

Vous sentez bien que certaines personnes de votre famille ont plus d'influence que d'autres et utilisent parfois des moyens très subtils pour arriver à leurs fins ! Des coups de fils en douce, manipuler l'un pour obtenir quelque chose de l'autre, etc. Mais que faire ? Arrêtez de tourner autour du pot, écoutez votre instinct lorsque cela se produit et prenez votre téléphone pour leur demander ce qu'elles veulent précisément : cela fera gagner du temps, et certainement de l'énergie, à tout le monde !

5 MINUTES

IL EST TEMPS DE PASSER À L'ACTION !

Vous voulez vous libérer de toute emprise familiale ? Que diriez-vous de vous offrir quelques jours loin d'elle ? Partez en voyage, en week-end, dans un endroit dépaysant, mais évadez-vous réellement quelque temps là où vous pourrez être vous-même, en toute liberté ! Inutile de faire des kilomètres, partez chez des amis, dans un camping ou pour une petite cure de thalasso, en fonction de votre budget !

... et se libérer de ses chaînes !

Quelle que soit la nature de vos relations avec certains membres de votre famille, ils ont cette tendance à vous mettre dans des états émotionnels que vous ne maîtrisez pas et cela devient insupportable, parfois même pour vous ! Aussi allez-vous apprendre à accueillir, canaliser et gérer au mieux vos émotions pour vous libérer ou améliorer toute relation qui vous empêche de vivre des instants particulièrement agréables en famille.

Méditation positive de l'amour familial

Même quand tout n'est pas tout rose, ce qui peut sauver une relation, en particulier au sein d'une famille, c'est l'amour ! Que diriez-vous, pour mieux lâcher prise sur votre situation familiale, d'une méditation positive inspirée par l'« Amour » ?!

En pratique :

› *Voir le protocole de méditation p. 12.*

› *Pour l'étape 5, concentrez-vous sur votre intention positive du moment : « Je choisis de vivre le bonheur en famille, de ressentir l'Amour en famille ! »*

Un modèle de référence dans la tête

Quand un membre de votre famille vous met hors de vous malgré vous, isolez-vous un instant, respirez trois profondes respirations et pensez à une personne qui représente pour vous à la fois le calme et la force. Pensez à la façon dont cette personne réagirait... et laissez-vous influencer par cette pensée !

Quelques souvenirs de cœur et ça repart

En pensant à certaines personnes de votre famille, c'est plus fort que vous, vous sentez automatiquement monter en vous des émotions que vous n'appréciez pas particulièrement. S'il vous reste un soupçon d'amour ou de gratitude pour ces personnes, faites en sorte de vous recentrer sur ces émotions essentielles : rappelez-vous vos meilleurs moments passés ensemble, rappelez-vous pourquoi vous aimez ces personnes et tout ce pour quoi vous pouvez les remercier malgré tout.

5 MINUTES

IL EST TEMPS DE PASSER À L'ACTION !

Si vraiment une relation vous devient insupportable au sein de votre famille, cessez de vous battre, lâchez prise, mais en agissant, en prenant une décision et en l'assumant sereinement : par exemple, coupez les ponts, sans animosité, avec telle personne en décidant de ne pas la voir pendant une durée déterminée (un mois, six mois, un an ?). C'est l'occasion de changer les habitudes de famille !

LES AMIS QUE J'AI CHOISIS

Il vous arrive de ressentir une forme de solitude, même si vous avez encore des amis autour de vous. L'un des plus grands bonheurs dans ce monde, c'est l'amitié, et l'amitié, c'est sacré ! Vous en êtes certain, et pourtant... Pas si simple, n'est-ce pas ? Certains amis sont envahissants, d'autres très exigeants, sans parler de ceux qui ne parviennent jamais à exprimer ce qu'ils attendent de vous. Et peut-être rêvez-vous de voir plus souvent telle amie, ou de rendre tel autre plus heureux ? À moins que vos amis vous donnent la sensation de vous abandonner ces temps-ci ? Bref, vous aimeriez retrouver des relations simples et agréables, des rires et des partages sincères, sans retenue ni jugement, mais quelque chose vous en empêche !

Si vous voulez vraiment renouer avec ces amis qui comptent pour vous, il y a toujours une solution, et vous trouverez les moyens de lâcher prise dans votre vie sociale pour mieux vous y épanouir !

Gérer les « vieux » amis

Votre amitié existe depuis tellement longtemps, comment pourriez-vous vous plaindre ? Malgré tout, vous vous sentez parfois enfermé dans cette relation, c'est compliqué et vous ne savez plus comment vous en sortir... Grâce aux exercices qui suivent, vous allez enfin vous libérer de cette pression amicale et trouver des clés pour faciliter les relations légères et agréables entre vous et vos amis les plus « anciens » !

Méditation positive de la beauté de l'amitié

Les amitiés d'hier ne sont plus celles d'aujourd'hui, le temps passe. Quelquefois, les amitiés se renforcent, et d'autres fois, elles se dissipent. Vous êtes ici invité à méditer sur toute la beauté de l'amitié, peu importe sa durée.

En pratique :

- *Voir le protocole de méditation* *p. 12.*
- *Pour l'étape 5, concentrez-vous sur votre intention positive du moment : « Je décide de savourer la beauté de l'amitié dans ma vie… »*

Les personnes positives de ma vie

Rédigez une liste de toutes les personnes présentes dans votre vie, physiquement ou à distance, par choix ou par obligation, toutes les personnes que vous êtes amené à côtoyer ou à qui vous pensez souvent. Puis ajoutez un « + » à côté de celles avec lesquelles vous vous sentez authentique, ajoutez un autre « + » à côté de celles que vous sentez authentiques avec vous et enfin un dernier « + » à côté de celles dont la relation vous tire vers le haut. Soyez sincère et vous identifierez les personnes positives de votre vie : celles qui ont deux ou trois « + » ! Lâchez prise sur les autres dans les jours à venir en concentrant votre attention sur celles qui vous seront les plus bénéfiques !

Une lettre de gratitude

Que ce soit pour tourner la page d'une relation ou au contraire pour entretenir une relation durable, prenez une feuille et un stylo et…

rédigez une lettre de gratitude ! Pensez à tout ce que cette personne vous a apporté, consciemment ou non, matériellement ou humainement, fréquemment ou ponctuellement, et exprimez-lui votre profonde gratitude. Soyez tout simplement authentique dans vos mots, et sincère avec votre cœur. Et osez lui envoyer ce courrier !

Une petite danse pour lâcher le passé ?

Rappelez-vous ces musiques sur lesquelles vous vous êtes le plus défoulé dans le passé et réécoutez-en quelques-unes aujourd'hui. Puis, pour évacuer toute forme de pression, de stress ou de tension dans votre corps en lien avec ces amitiés de votre passé, montez le son et lâchez-vous ! Dansez, sautez, tournez, secouez-vous sur ces musiques et libérez-vous de ce passé ! Votre corps et votre esprit en seront ravis !

5 MINUTES

IL EST TEMPS DE PASSER À L'ACTION !

Loin des yeux mais près du cœur ? Ne laissez plus filer le temps et passez à l'action ! Parmi vos plus anciens amis, certains sont certainement loin de vous géographiquement, et d'autres sont

→

proches mais vous ne les voyez plus forcément autant qu'avant, cependant, vous sentez au fond de vous que pour autant ces amitiés sincères existent toujours. Loin des yeux, mais toujours dans votre cœur ? Et si vous le leur exprimiez ? Envoyez un petit message à ces amis de cœur juste pour leur dire qu'ils comptent pour vous !

Amitié ne signifie pas exclusivité

Vous avez des amis qui comptent vraiment pour vous, sans doute certains plus que d'autres et, sans eux, vous avez l'impression que votre vie n'aurait plus aucun sens. Vous seriez prêt à tout sacrifier pour ces amitiés, et vous l'avez peut-être déjà fait, trop parfois même ? Comment trouver le juste équilibre ? Libérez-vous de cette possessivité au sein de vos amitiés et trouvez des clés pour vivre des relations fondées sur la liberté autant que sur la complicité, sur l'autonomie autant que sur le lien fort qui vous unit.

Méditation positive de la liberté amicale

Comme au sein de toute relation, l'équilibre entre l'attachement entre deux personnes et leur besoin de liberté individuelle n'est pas toujours simple à trouver, bien qu'il soit essentiel pour l'épanouissement de chacun et de la relation en elle-même. Pour vous aider à lâcher prise sur toute forme d'exclusivité au sein de vos relations d'amitié, nous vous proposons une méditation positive dans l'intention de vivre toutes vos relations d'amitié en toute liberté !

En pratique :

- *Voir le protocole de méditation p. 12.*
- *Pour l'étape 5, concentrez-vous sur votre intention positive du moment : « Amitié rime avec liberté, j'aime mes amis et je me sens libre de les aimer de tout mon cœur... »*

Test des doigts inséparables

Afin de bien comprendre l'intérêt du lâcher-prise sur l'exclusivité au sein d'une relation d'amitié, voici un petit test que nous vous invitons à faire. Attachez deux de vos doigts avec un morceau de scotch et restez ainsi durant au moins une heure. Qu'allez-vous constater ? Que même en étant très proches l'un de l'autre, chaque doigt est unique et a besoin d'exister à part entière pour être utile. Chacun a son utilité, ensemble et l'un sans l'autre. Intéressant, n'est-ce pas ? Et que ressentez-vous lorsque vous enlevez finalement le bout de scotch ?

C'est aimer !

Nous pouvons aimer une personne très sincèrement et en aimer une autre par ailleurs, tout autant ou différemment. Alors si vous pensez à un ou une ami(e) très proche et que vous souhaitez sincèrement pouvoir partager votre cœur avec elle comme avec d'autres, c'est à vous aussi de lui laisser ouvrir son corps à d'autres. De qui, excepté vous, votre ami(e) a-t-il (elle) aussi besoin dans son cœur ? Êtes-vous prêt à y laisser de la place ?

Qui suis-je réellement ?

À force de se lier à d'autres personnes, nous en arrivons parfois à nous oublier au sein de ces relations. Alors, si vous reveniez au cœur de votre essentiel : qui êtes-vous ? Si vous n'étiez pas engagé dans ces différentes relations, qu'aimeriez-vous manger ? Écouter comme musique ? Regarder à la télé ? Faire de différent de vos journées ? De vos soirées ? De vos week-ends ? De vos vacances ? Offrez-vous ce temps pour redéfinir vos propres goûts et envies !

Technique des bonshommes-allumettes

Vous sentez-vous un peu trop proche d'une autre personne, peut-être même comme enfermé dans la relation ? Voici un exercice pour lâcher prise sur cette relation exclusive en quelques minutes ! Il s'agit de la technique des petits bonshommes-allumettes de Jacques Martel. Dessinez un bonhomme comme un enfant, pour vous représenter vous, puis un autre bonhomme juste à côté représentant la personne qui partage avec vous cette relation étouffante. Tracez un cercle autour de chacun des bonshommes pour symboliser votre souhait de ce qu'il y a de mieux pour chacun individuellement. Tracez un cercle plus large autour des deux bonshommes pour symboliser votre souhait de ce qu'il y a de mieux pour la relation en elle-même. Ajoutez des liens entre les deux bonshommes sous forme de traits : autant de traits que vous le souhaitez proportionnellement à l'intensité de l'enfermement actuel de cette relation. Et, pour terminer, pour symboliser votre lâcher-prise sur ce lien d'exclusivité, prenez des ciseaux et coupez la feuille en deux entre les deux bonshommes, rompant symboliquement tous les liens d'enfermement, tout en laissant place aux deux cercles indépendants pour rester libre de reformer le cercle positif de la relation. Et voilà, le tour est joué !

5 MINUTES

IL EST TEMPS DE PASSER À L'ACTION !

Vous voulez mettre définitivement fin à une relation envahissante dans votre vie, qui ne vous apporte plus rien de bon et dans laquelle il n'y a plus de place pour l'amour dans votre cœur ? Prenez votre téléphone et, de vive voix, exprimez votre décision à l'autre personne : vous souhaitez mettre fin à cette relation. Avec une belle communication non violente, bienveillante, exprimez vos besoins tout en tenant compte des besoins de l'autre, accueillez vos émotions et les siennes, mais tenez bon sur votre décision. Pensez à remercier cette personne pour tout ce qu'elle vous a apporté dans les meilleurs moments et souhaitez-lui une belle vie à venir.

Être aimé à tout prix

Vous avez toujours besoin de vous sentir aimé, c'est plus fort que vous. Au point, parfois, de changer votre comportement, vos projets, vos opinions, ou même d'aller à contre-courant de vos valeurs, de votre personnalité ou de votre propre bien-être. Il est temps de lâcher prise sur ce besoin excessif, non ? Grâce à cette séance, vous allez vous libérer de cette peur de ne pas être aimé et trouver des clés pour vivre des relations fondées tout simplement sur la sincérité et l'authenticité.

Méditation positive de l'amour spontané

Cette séance est dédiée à l'amour, particulièrement à celui que vous recevez, que vous attendez, voire dont vous dépendez parfois ! Aussi êtes-vous invité à vous offrir une méditation avec l'intention positive de vous réjouir de l'amour que vous recevez actuellement, spontanément et sans effort.

En pratique :

- *Voir le protocole de méditation p. 12.*
- *Pour l'étape 5 , concentrez-vous sur votre intention positive du moment : « L'amour que je reçois spontanément de mes proches me comble de bonheur... »*

X ou Y ne m'aime pas, et alors ?

Afin de mieux lâcher prise sur votre besoin d'être aimé à tout prix de telle ou telle personne, prenez quelques instants pour intégrer la question suivante : « Et alors ? » Pensez à une personne qui selon vous ne vous aime pas particulièrement, en tout cas pas de la façon dont vous aimeriez qu'elle vous aime. Puis répétez-vous : « Elle ne m'aime pas. Et alors ? » Et voyez si une réponse vous vient, par exemple : « Elle ne veut pas me voir du coup. OK. Et alors ? » Et ainsi de suite, habituez-vous à vous poser cette question libératrice ! Pas facile ? Et alors ?

J'aime être aimé car... ?

OK, vous aimez être aimé, et c'est bien naturel, car tout le monde aime être aimé, mais pas à tout prix ! Alors pourquoi aimez-vous être aimé ? « J'aime être aimé(e), car... » Et quelles sont les bonnes raisons qui devraient pousser des personnes à vous aimer ? « Les autres devraient m'aimer car... » Maintenant, pensez aux personnes qui ne vous aiment pas de la façon dont vous aimeriez qu'elles vous aiment. Souhaitez-vous qu'elles vous aiment pour les bonnes raisons ? Intéressant, n'est-ce pas ?!

EFT & amour de soi

La technique de libération des émotions, l'EFT, est une technique consistant à vous tapoter certains points énergétiques situés sur votre visage, le haut de votre corps et vos mains, tout en répétant des affirmations liées à vos émotions. Toute séance d'EFT commence par une phrase rituelle à vous répéter trois fois en tapotant avec le bout de vos doigts le « point karaté », qui se situe sur le côté de votre main opposée. La phrase est la suivante : « Je m'aime et je m'accepte tel que je suis. » En pensant à l'amour que vous attendez parfois de recevoir des autres, effectuez ce rituel en répétant trois fois cette phrase tout en vous tapotant le « point karaté ».

5 MINUTES

IL EST TEMPS DE PASSER À L'ACTION !

Regardez votre planning de la semaine prochaine et demandez-vous, pour chaque activité, si elle a été prévue dans le but de vous faire aimer d'une personne ou pour de meilleures raisons ? Ensuite, lâchez prise sur ce besoin d'être aimé à tout prix : annulez tous vos rendez-vous pris en fonction de ce besoin, et profitez tout simplement de la première semaine du reste de votre vie en toute liberté affective.

L'attente nourrit la déception

Vous sentez bien que vous attendez parfois beaucoup des autres. Vous avez une exigence qui ne peut pas toujours être comblée par votre entourage et, par conséquent, il vous arrive souvent d'être déçu. Ce n'est pas agréable, mais vous ne pouvez vous en empêcher. Aussi allez-vous vous libérer de ces attentes excessives et trouver des clés pour vivre des relations fondées sur l'acceptation et l'amour des forces, des limites et des imperfections de chacun et de chaque relation.

Méditation positive du non-désir

Maintenant que vous avez lâché prise sur votre besoin d'être aimé des autres, que diriez-vous de lâcher prise dans la foulée sur vos attentes des autres, plus largement ? Et, pour vous y aider, voici un premier pas avec cette nouvelle séance de méditation, dont l'intention positive vous invite à vous concentrer sur le non-désir, l'absence d'attente vis-à-vis des autres.

En pratique :

› *Voir le protocole de méditation p. 12.*

› *Pour l'étape 5, concentrez-vous sur votre intention positive du moment : « La vie est bien faite, je fais confiance à la vie et j'accueille sans attente tout ce que les autres ont à m'offrir… ou pas ! »*

Viser la Lune

Il est important de se fixer des objectifs dans la vie, et quand il s'agit de nos relations, ces objectifs peuvent être ambitieux, comme maintenir une amitié de longue date une année de plus tout en veillant à l'épanouissement personnel de chacun. Avoir un objectif, c'est viser la Lune ! Et les plus épanouis sont ceux qui savent viser la Lune tout en se réjouissant d'atterrir dans les étoiles ! Lâcher prise sur vos attentes de vos proches ne signifie pas ne pas avoir l'espoir de belles relations, mais faire de votre mieux pour y parvenir et accepter les obstacles comme les résultats qui ne sont pas toujours ceux imaginés au départ. Alors, si vous visiez la Lune, quelles relations imagineriez-vous avoir ? Et êtes-vous prêt, ensuite, à profiter des étoiles quoi qu'il arrive sur le chemin ?

Si seulement…

Pensez à une personne que vous aimeriez voir changer, de comportement, de coiffure, d'habitudes, d'amis, d'alimentation, de croyance, de rythme de vie, etc. Concentrez-vous sur cette personne et terminez cette phrase : « Si seulement je pouvais, voilà ce que je voudrais changer chez cette personne. » Puis relisez-vous et imaginez qu'une personne écrive cela en pensant à vous. Que ressentiriez-vous ? Maintenant, rayez tout ce que vous avez écrit et recommencez avec un nouveau début de phrase : « Ce qui est formidable chez cette personne, c'est... » Et là, imaginez qu'une personne écrive cela en pensant à vous. Que ressentiriez-vous ?

5 MINUTES

IL EST TEMPS DE PASSER À L'ACTION !

Allez, il est temps de cesser d'en demander trop à vos proches, d'être centré uniquement sur ce que vous avez, vous, envie d'eux ! Mettez-vous à la place de l'un de vos amis proches et demandez-vous ce que cette personne aimerait réellement faire avec vous prochainement et qui lui ferait réellement plaisir. Puis passez à l'action : organisez ce moment qui comblera cette personne, et vous par la même occasion, rien qu'en voyant le plaisir dans ses yeux le moment venu !

Chapitre 4

Lâcher prise dans sa relation au monde

Profiter au mieux de l'instant présent est déjà une clé essentielle de notre bonheur, mais le plaisir ne suffit pas à rendre une vie pleinement épanouie. Les recherches en psychologie positive ont démontré que le bonheur dépend non seulement de la notion de plaisir à court terme, mais aussi du sens que l'on donne à sa vie, de la vision idéale que l'on a de sa vie et, pour cela, nous devons apprendre à parfois lâcher prise dans notre relation au monde, au sens large du terme, cette relation que nous avons avec le monde actuel, mais aussi avec le monde à venir.

VIVRE DANS LE MONDE D'AUJOURD'HUI

Tout n'est pas parfait dans notre monde, vous en avez bien conscience. Pourtant, les injustices, les incohérences ou la méchanceté peuvent parfois vraiment vous toucher ou vous mettre hors de vous. Vous rêvez peut-être d'un monde plus humaniste, plus positif, plus juste, plus en paix, plus joyeux, dans lequel règneraient davantage l'amour, la bienveillance et le partage ? Ou bien vous aimeriez, en tout cas, vous sentir en cohérence avec cette vision de la vie et vos propres actions et avoir le sentiment, à votre niveau, de contribuer à un monde meilleur ?

Si vous voulez vraiment vous libérer de cette pression sociale, sociétale ou mondiale, pas de panique, il y a toujours une solution. Et vous trouverez les moyens de lâcher prise dans votre relation au monde actuel pour non seulement mieux vous y épanouir, mais en plus avoir la sensation d'apporter votre pierre à l'édifice !

Notre société si imparfaite

Il vous arrive sans doute régulièrement de ne pas comprendre la logique de notre société, que ce soit au niveau politique, économique ou social. Si vous vous sentez si concerné par tout ce fonctionnement selon vous incohérent ou inadapté que cela vous fait même parfois sortir de vos gonds, il est temps de lâcher prise ! Libérez-vous enfin de toute cette pression liée aux imperfections de notre société et trouvez des clés pour vous sentir à votre place et vous y épanouir au maximum !

Méditation positive de la bienveillance sociétale

Avoir un regard bienveillant sur notre société nous permet à la fois de garder un recul suffisant pour ne pas nous laisser guider par des réactions incontrôlées sous l'emprise de nos émotions, mais aussi de rester connectés à l'essentiel : notre volonté personnelle de faire au mieux pour le monde, comme pour chacun des individus qui le compose. La méditation qui suit vous invite donc à focaliser votre intention positive sur la bienveillance envers chacun, acceptant que, même si tout n'est pas parfait, chacun fait de son mieux en fonction de ce qu'il est.

En pratique :

- *Voir le protocole de méditation p. 12.*
- *Pour l'étape 5 , concentrez-vous sur votre intention positive du moment : « Dans notre société imparfaite, chacun fait ce qu'il peut avec ce qu'il est. »*

Cérémonie de libération de la colère

Chacun fait de son mieux, vous le savez, pourtant vous ne pouvez maîtriser cette colère que vous sentez en vous face à certains aspects de la société actuelle : la violence, la méchanceté, l'égoïsme, l'incohérence, la bêtise, l'intolérance, le manque de respect, etc. Il est temps de lâcher prise sur cette colère ! Que diriez-vous d'organiser une cérémonie de libération de la colère ? Choisissez un endroit et un moment adaptés et décidez de tout lâcher. Bougez dans tous les sens, comme un chien qui se secoue en sortant de l'eau, criez de toutes vos forces, courez si vous le souhaitez, sautez, dansez, tapez sur un punching-ball, lancez des pierres en pleine nature, allez faire un saut en parachute, peu importe, mais libérez-vous symboliquement en lâchant tout de toutes vos forces !

Focus sur les bonnes actions

Même si notre société est loin d'être parfaite, elle recèle pourtant de nombreuses très belles actions, ainsi que de belles intentions, de belles personnes, de beaux engagements. Aujourd'hui, pour lâcher un peu prise sur les imperfections du monde, focalisez votre attention sur l'autre face de la médaille : les bonnes actions. Votre mission est de trouver au moins dix bonnes actions contribuant déjà à la beauté du monde actuel ou, au moins, à l'amélioration du monde.

Mère Nature

Si la société n'est pas parfaite, la nature ne l'est pas non plus. À moins que tout ce système soit nécessaire pour que le monde tourne ? Les inégalités sociales, les manipulations politiques ou les incohérences économiques devraient-elles davantage nous choquer que les tsunamis, les tornades et autres « catastrophes naturelles » ? Et si vous mettiez le bouton « stop » sur ce flot de pensées pour revenir à l'essentiel et vous offrir un moment pour vous reconnecter tout simplement à la nature ? Une balade en forêt ? Une méditation sur la plage ? Une baignade dans un lac ? Reprenez contact avec ce qui vous semble le plus parfait de ce que Mère Nature peut nous offrir.

5 MINUTES

IL EST TEMPS DE PASSER À L'ACTION !

Comme le disait Ghandi : « Soyez le changement que vous voulez voir dans le monde. » Donc, si vraiment vous en avez assez de constater certaines incohérences politiques, économiques ou sociétales en particulier, arrêtez de vous plaindre et agissez ! Que pourriez-vous faire, à votre niveau, pour contribuer à un monde meilleur, tel que vous aimeriez le voir ? Quelle première petite action positive concrète pourriez-vous faire dès aujourd'hui même dans ce sens ? Le monde ne s'est pas fait en un jour et chaque action compte, donc à vous de jouer !

Se détoxifier des médias

Même si vous avez choisi votre métier et eu la chance de trouver une activité professionnelle qui vous offre les conditions de travail dont vous rêviez, vous ne pouvez certainement pas échapper aux difficultés inhérentes aux relations avec vos collaborateurs, patrons, clients, fournisseurs, partenaires, etc. Grâce à ces exercices, vous allez enfin vous libérer de toute cette pression professionnelle et trouver des clés pour faciliter les relations légères et agréables entre vous et vos collaborateurs.

Méditation positive de la liberté d'expression

De nos jours, la liberté d'expression est définie par la Déclaration universelle des droits de l'homme et elle permet l'affirmation et le respect des idées et opinions de chacun. Nous ne sommes pas forcés d'être tous d'accord les uns avec les autres, mais chacun est libre de faire le tri dans le flot d'informations qu'il reçoit en permanence. La méditation positive qui suit vous invite à vous rappeler justement la chance que nous avons d'avoir cette liberté de nous exprimer... mais aussi d'écouter ou non, et de croire ou non en ce que tout le monde dit autour de nous.

En pratique :

› *Voir le protocole de méditation p. 12.*

› *Pour l'étape 5, concentrez-vous sur votre intention positive du moment : « Chacun est libre de s'exprimer, chacun est libre d'écouter ! »*

Libres de nos choix

Parmi les multiples sources d'information, plusieurs médias incontournables influencent chaque jour l'opinion publique. Cependant, nous avons toujours le choix de suivre les médias qui nous plaisent. D'ailleurs, quels sont vos médias privilégiés ? Lesquels suivez-vous : télé, radio, Internet, presse, mails, affiches, *flyers*, publicités dans les boîtes aux lettres ? Est-ce par habitude, par défaut ou réellement par choix ? Par quel média aimez-vous réellement recevoir vos informations ? En qui avez-vous confiance ? Il ne tient qu'à vous de sélectionner vos médias, vos sources d'information, donc vos sources d'influence.

L'art du scepticisme positif

Même après avoir choisi vos sources, ayez toujours du recul sur l'information, qu'il soit volontaire ou non, une information étant déjà, quoi qu'il en soit, l'interprétation d'un fait par au moins une personne, et souvent bien plus. Entraînez-vous dès maintenant à vous poser cette simple question après chaque information que vous recevrez, tout en gardant le sourire et la bienveillance : « Et si ce n'était pas vrai ? »

Les médias positifs

Depuis quelques années, certains médias ont pris le parti de se positionner sur un nouveau marché : le marché des médias positifs. Autrement dit, au cœur de la morosité ambiante des médias traditionnels, ces médias positifs ont choisi de ne diffuser que des informations positives : de bonnes nouvelles, des réussites, de belles actions, des *success stories*, des expériences de vie inspirantes, créatives, innovantes, etc. Sans pour autant totalement lâcher prise sur tout média traditionnel, vous avez le choix d'une complémentarité avec ces nouveaux médias positifs pour rééquilibrer la balance.

5 MINUTES

IL EST TEMPS DE PASSER À L'ACTION !

Malgré tout, il vous arrive de tomber sur des médias qui provoquent en vous des réactions ou des états émotionnels dont vous vous passeriez bien. C'est donc peut-être le bon moment pour passer à l'action, non ? Que diriez-vous de faire une cure de désintoxication des médias ? Ce livre vous challenge de commencer dès aujourd'hui à passer une semaine complète en ne consultant aucun média d'information. C'est l'heure des infos à la radio ? Lancez un MP3. Les actus à la télé ? Zappez. Relèverez-vous le défi ?

« C'est vraiment trop injuste ! »

Le monde vous semble parfois injuste ? Tout le monde n'a certes pas les mêmes privilèges, les mêmes conditions de vie, la même chance ou le même physique, et cela vous est parfois insupportable, dans votre propre vie ou simplement en observant la vie des autres. Vous allez enfin vous libérer de ce sentiment d'injustice et trouver des clés pour redonner de la valeur à la justice, et pour vous épanouir au mieux dans ce monde à la fois si juste et si injuste.

Méditation positive de la vie juste

Au cœur des sentiments de justice et d'injustice, vous devriez être amené à réfléchir à ce qui est vraiment juste ou non, mais surtout à lâcher prise sur un sentiment d'injustice trop présent en vous. La méditation suivante vous invite pour une fois à vous poser une « question » positive, qui laissera ensuite votre esprit libre.

En pratique :

- *Voir le protocole de méditation p. 12.*
- *Pour l'étape 5, concentrez-vous sur votre intention positive du moment : « Et si finalement la vie était juste ? »*

Le tourbillon du « pourquoi ? »

La vie vous semble parfois vraiment injuste parfois. Mais pourquoi ? Prenez le temps d'écrire tout ce qui vous vient à partir de ce premier « pourquoi ». Puis relisez chacune de vos réponses et approfondissez-les en vous demandant de nouveau pourquoi c'est injuste. Ou pourquoi c'est essentiel pour vous. Pourquoi cela vous touche-t-il autant ? Mieux comprendre votre sentiment d'injustice vous permettra de vous en libérer plus facilement !

Le triangle dramatique

Le triangle dramatique, ou triangle de Karpman, est une analyse transactionnelle des relations mettant en évidence un scénario relationnel typique entre victime, persécuteur et sauveur (ces rôles étant symboliques, une même personne peut changer de rôle). Quand on trouve que la vie est injuste, on se positionne le plus souvent dans un rôle de victime. Pour en sortir, vous devez nécessairement prendre de la hauteur et vous armer de bienveillance envers vous-même, ainsi qu'envers ceux que vous imaginez en persécuteurs et sauveurs. À partir de là, vous aurez une vision plus globale, plus « systémique », et ainsi comprendrez mieux chacun, ce qui vous permettra de trouver plus facilement des solutions pour rendre la situation plus juste pour tout le monde.

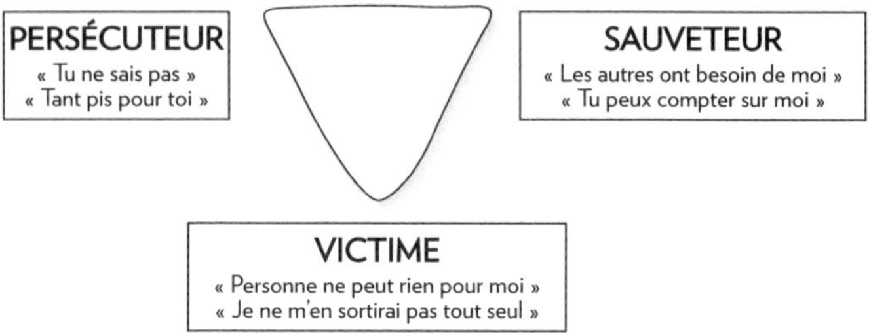

La justice réparatrice

De nos jours, un nouveau modèle de justice se développe, reposant sur un objectif principal : le mieux-être des victimes. Or, parfois, « rendre justice » ne suffit pas. En effet, d'autres facteurs ont été révélés par des recherches sur le sujet : les victimes se sentent beaucoup mieux en particulier lorsque la personne « coupable » avoue et reconnaît son crime et s'excuse sincèrement devant elle. Ainsi, si vous voulez un monde plus juste, vous pouvez déjà commencer par reconnaître sincèrement et avec bienveillance votre part de responsabilité et peut-être même vous en excuser auprès de personnes à qui cela pourrait faire du bien. Avez-vous des personnes autour de vous à qui demander pardon ?

5 MINUTES

IL EST TEMPS DE PASSER À L'ACTION !

La coupe est pleine ! Une injustice en particulier vous touche vraiment profondément et vous en avez assez de rester là sans rien faire à ce constat ? Il est donc temps de passer à l'action ! Vous avez toujours la possibilité de faire un petit pas, à votre niveau, pour améliorer le monde. Par où avez-vous envie de commencer ? Que pourriez-vous faire dès aujourd'hui pour faire basculer ne serait-ce qu'un peu la balance du côté d'un monde selon vous plus juste ? À vous de jouer !

Je combats mon sentiment d'impuissance

Il vous arrive de vous sentir impuissant face à une situation, un problème, et, selon les situations, cela peut vous agacer, vous frustrer, vous inquiéter ou vous décourager sérieusement. Vous voulez lâcher prise sur cette sensation de ne rien pouvoir contrôler ni changer de ce qui se passe autour de vous ou dans votre vie ? Grâce à ce qui suit, vous êtes invité à vous libérer enfin de ce sentiment d'impuissance et à trouver des clés pour sentir en vous la force nécessaire pour accepter sereinement les choses telles qu'elles sont ou pour croire en votre capacité à les changer.

Méditation positive de votre puissance intérieure

Cette séance est dédiée à l'amour, particulièrement à celui que vous recevez, que vous attendez, voire dont vous dépendez parfois. Pour bien commencer, cette méditation vous propose de poser l'intention positive de vous réjouir déjà de l'amour que vous recevez actuellement, spontanément et sans effort.

En pratique :

- *Voir le protocole de méditation p. 12.*
- *Pour l'étape 5 , concentrez-vous sur votre intention positive du moment : « .»*

Les bénéfices cachés de l'impuissance

Ainsi, vous ressentez parfois une forme d'impuissance face aux événements. Face à quels événements en particulier ? Dans quelles situations avez-vous le plus ce sentiment de ne rien maîtriser sur les choses ? Notez chacune d'elles dans une colonne et, dans une autre colonne, notez pour chaque situation les avantages de cette impuissance. En quoi cela vous est-il utile ou agréable, ou plus simple selon les cas ? En dévoilant les bénéfices cachés, vous pourrez plus facilement vous libérer des freins qui limitent votre… « puissance ».

Impuissance et puissance acquises

L'impuissance acquise est un sentiment d'impuissance permanent et général, d'absence de maîtrise sur les événements, sur votre vie ou sur la vie en général. Ce sentiment s'est développé par un cumul d'expériences allant dans ce sens, mais, heureusement, il peut aussi se transformer en puissance acquise, autrement dit en confiance en soi. Pour cela, il suffit de cumuler de la même façon un certain nombre d'expériences vous prouvant le contraire. Comment faire ? Commencez par lister au moins trois situations dans lesquelles vous avez réussi à maîtriser et influencer les choses pour obtenir un résultat agréable ou positif.

Paroles de sage

Vous avez sans doute en tête au moins une personne que vous considérez comme un modèle ou une inspiration et qui, selon vous, trouve toujours les mots justes. Imaginez que vous lui expliquez ce que vous ressentez encore en vous comme un sentiment d'impuissance : que pensez-vous qu'il vous dirait ? Quels conseils vous donnerait-il ? Que vous inviterait-il à faire ? Mettez-vous vraiment dans sa peau et notez toutes les belles paroles qui sortiraient de la bouche de ce sage pour vous aider.

5 MINUTES

IL EST TEMPS DE PASSER À L'ACTION !

La vie n'est pas juste, le monde n'est pas parfait, vos proches ne sont pas parfaits et vous non plus ! Et tout cela vous agace au plus haut point, car vous avez l'impression de ne rien pouvoir y faire, de subir les choses, comme s'il s'agissait d'une fatalité. Il est bien temps de passer à l'action ! Vous avez un impact sur votre vie, sur celle de vos proches et même sur le monde. Vous voulez changer quelque chose ? Changez-le ! Ou, en tout cas, faites déjà un premier pas dans ce sens.

ÊTRE SEREIN FACE À L'AVENIR

Que l'avenir vous fasse peur ou que vous ne parveniez pas du tout à vous projeter dans le futur, vous sentez bien au fond de vous que la vie au présent serait tout de même plus simple si vous apaisiez votre relation avec l'avenir. Vous rêvez peut-être de pouvoir faire plus de projets, de vous engager plus facilement ou bien d'avoir une vision plus positive de ce qui pourrait vous arriver dans ce fameux futur.

Bonne nouvelle, si vous voulez vraiment vous libérer de cette pression de l'avenir, vous trouverez les moyens de lâcher prise sur ces peurs paralysantes face à l'inconnu !

Je souris à la vie !

Même quand tout semble bien se passer dans votre vie, vous avez toujours cette petite voix intérieure qui vient mettre en doute cet équilibre apparent. Vous avez l'impression que vos pensées négatives viennent saboter le plaisir de l'instant présent et les rêves d'un bel avenir. Alors il est temps de lâcher prise sur ces pensées pessimistes, d'enfin vous libérer de cette petite voix intérieure négative et de trouver des clés pour développer votre pensée optimiste au quotidien.

Méditation positive de la pensée positive

Pensée positive ou pensée négative, tout commence toujours par un choix profond. Lequel avez-vous fait dans votre vie ? Vous plaindre ou sourire chaque jour à la vie ? Si vous avez encore un doute sur votre réponse, la méditation qui suit va vous faire encore plus de bien ! Elle vous invite à porter votre intention sur le choix d'une vision positive de la vie.

En pratique :

› *Voir le protocole de méditation p. 12.*

› *Pour l'étape 5, concentrez-vous sur votre intention positive du moment : « Je choisis de voir la vie sous son plus beau jour ! »*

Le choix des mots

Pendant toute une journée, veillez à bien choisir vos mots. Concentrez-vous pour utiliser au maximum un vocabulaire positif, c'est-à-dire pour n'employer que des mots agréables, quitte à les accompagner de négations lorsque vous parlez de quelque chose de moins agréable. Par exemple, dites « moins facile » au lieu de « plus difficile », préférez « j'ai de moins en moins d'énergie » à « je suis de plus en plus fatigué ». Habituez votre cerveau à ces mots, qui influencent forcément plus positivement votre vie que les autres.

Et si... ?

Lorsque vous pensez à certains de vos projets, de vos rêves, votre optimisme a parfois tendance à s'enfuir en courant, laissant place aux doutes, voire carrément aux pessimistes « je ne vais jamais y arriver » ou « ça ne va jamais fonctionner ». À présent, à chaque fois que cela vous arrivera, ayez le réflexe de reprendre votre phrase en la commençant par « et si... ? » : « Et si j'y arrivais ? » ou « Et si finalement ça fonctionnait ? » Et pensez également la suite avec cette option, pour être préparé au cas où ça serait la bonne !

5 MINUTES

IL EST TEMPS DE PASSER À L'ACTION !

Un projet en particulier vous tient à cœur, mais vous ne vous sentez pas à la hauteur, vous n'y croyez pas vraiment, vous craignez les conséquences ou ne vous sentez pas prêt pour vous lancer maintenant ? Mais serez-vous un jour

→

réellement prêt ? Allez, arrêtez de remettre à plus tard, il est temps de passer à l'action ! Que pourriez-vous faire, là, tout de suite, pour agir en faveur de ce projet et lui donner une chance de plus de réussir ? Le passage à l'action est l'une des clés de la réussite !

Le saut dans l'inconnu

Vous avez peut-être déjà décidé de prendre la vie du bon côté, mais, au fond de vous, vous sentez encore régulièrement une étrange peur qui se présente face à toute situation laissant place à l'inconnu. Peur des nouveaux endroits ? De prendre de nouvelles habitudes ? Du changement ? De ce qui arrivera demain ? Au cours de cette séance, vous allez enfin vous libérer de cette peur de l'inconnu et trouver des clés pour renforcer votre confiance, et même pour faire émerger votre curiosité et votre enthousiasme.

Méditation positive de l'incertitude

Vous avez sans doute parfois l'impression que tout serait plus simple si vous saviez plus de choses : savoir d'avance ce qu'il va se passer, connaître parfaitement toutes les personnes que vous croisez, savoir tout ce qu'elles pensent, etc. Mais connaître tout sur tout vous rendrait-il réellement plus heureux ? Bien sûr que non ! C'est ce sur quoi la nouvelle méditation vous invite à poser votre intention positive : accepter de ne pas tout savoir et vous en réjouir.

En pratique :

- *Voir le protocole de méditation p. 12.*
- *Pour l'étape 5, concentrez-vous sur votre intention positive du moment : « Je ne sais pas tout, je ne peux pas tout savoir, et c'est très bien ainsi. »*

Le pire du pire

L'un des meilleurs remèdes face à la peur de l'inconnu est de l'anticiper. En effet, quand on connaît l'inconnu, ce n'est plus un inconnu. Alors pensez à un projet qui vous anime et imaginez le pire qu'il pourrait vous arriver. Listez toutes les pires situations qui pourraient se produire si vous continuez ce projet. Vous pourrez à la fois vous libérer l'esprit en verbalisant l'objet de vos peurs, mais en plus vous aurez de meilleures clés en main pour passer à l'action de façon à ce que ce pire ne se produise pas.

La force de l'habitude

Vous aimeriez vous rendre plus souvent dans de nouveaux endroits, rencontrer de nouvelles personnes ou goûter de nouveaux plats, mais cette peur de l'inconnu est bien soutenue par votre force de l'habitude rassurante. Quelle est votre grande habitude qui vous rassure le plus au quotidien ? Au lieu d'attendre la boule au ventre qu'un élément extérieur vienne perturber cette habitude, commencez à vous « habituer » à changer régulièrement et sereinement vos habitudes. Changez chaque détail : le lieu, l'heure, la durée, les personnes avec vous, votre tenue, mais un à la fois !

L'attraction positive

Si vous saviez d'avance qu'une merveilleuse chose allait vous arriver dans l'heure, la journée, la semaine, le mois ou l'année à venir, comment vous sentiriez-vous ? Entre la curiosité et l'impatience, la hâte et l'enthousiasme, comme à la veille de Noël probablement ! Finalement, chaque jour vous propose de belles et moins belles aventures, mais votre émotion dans l'instant dépend de celles que vous attendez. Alors laissez monter en vous l'impatience du positif à venir et profitez déjà de cette belle émotion en attendant.

5 MINUTES

IL EST TEMPS DE PASSER À L'ACTION !

Vous en avez assez de rester paralysé face l'in connu ? Il est temps de passer à l'action et de dompter cette peur pour mieux la surmonter. Votre défi est d'entamer une discussion avec au moins trois inconnus différents avant la fin de la journée. Vous n'avez rien à perdre et tout à gagner. Cessez de réfléchir et agissez ! Vous constaterez par vous-même les bienfaits d'un tel exercice.

Demain ne me fait plus peur

Avoir un travail est une chance et vous le savez. Pourtant, à la fin du mois, votre compte en banque ne semble pas se contenter de cette chance pour se réjouir. Les dettes s'accumulent-elles ? Vous sentez-vous limité dans votre vie par ce revenu toujours insuffisant ? Vous allez enfin vous libérer de toute cette pression liée à l'avenir et trouver des clés pour à la fois mieux profiter de l'instant présent, mais aussi vous remplir le cœur d'espoir !

Méditation positive du bel avenir

L'espoir fait vivre, c'est bien connu, et ça a même été prouvé scientifiquement. Alors profitons de l'instant présent, mais veillons aussi à toujours entretenir et renforcer notre espoir d'un bel avenir.

En pratique :

› *Voir le protocole de méditation p. 12.*

› *Pour l'étape 5 , concentrez-vous sur votre intention positive du moment : « Je décide de profiter de mon présent et de croire en un avenir encore plus beau. »*

Un éventail de peurs

Vous ne savez pas ce que l'avenir vous réserve, et vous n'êtes pas rassuré au fond de vous. Certaines situations vous font peur et vous espérez sincèrement ne jamais les vivre. Lesquelles ? Le chômage ? Le divorce ? La maladie ? La perte de vos proches ? Un attentat ? Une guerre mondiale ? Le réchauffement climatique ? Le manque de nourriture sur la planète ? De quoi avez-vous vraiment peur pour l'avenir ? Distinguez vos peurs pour vous-même, pour vos proches, pour l'humanité et pour la planète. Écrivez chacune de ces peurs sur les facettes d'un éventail réalisé avec une feuille de papier, éventez-vous avec pour reprendre votre souffle et acceptez que vous ne pouvez pas tout contrôler, que vous faites de votre mieux, puis repliez votre éventail et rangez-le dans un tiroir.

Carpe diem

Finalement, comme nous ne savons pas de quoi demain sera fait, autant nous consacrer davantage à ce que nous vivons dans l'instant présent. Horace nous invitait déjà avec son *Carpe diem* à cueillir le jour présent sans nous soucier du lendemain. Alors voici une question pour vous : que feriez-vous aujourd'hui de différent, s'il s'agissait de votre dernier jour ?

La force des épreuves de la vie

Quoi qu'il arrive, vous ne pourrez pas éviter de traverser certaines épreuves de la vie. Des projets n'aboutiront pas, tous vos proches ne seront pas heureux en permanence, ni en pleine santé toute leur vie. Certains finiront même par mourir avant vous... Mais toutes ces épreuves peuvent soit vous détruire, soit vous rendre plus fort : c'est à vous de choisir. Optez dès maintenant pour la force, ça sera plus facile de réagir au mieux le moment venu. Levez-vous, levez votre poing en l'air et dites haut et fort : « Je choisis de me renforcer à chaque bonheur autant qu'à chaque épreuve de la vie ! »

5 MINUTES

IL EST TEMPS DE PASSER À L'ACTION !

Il vous arrive de vous inquiéter pour votre avenir, mais là, vous voulez vraiment lâcher prise sur cette peur de l'avenir, profiter de l'instant présent et garder le cœur plein d'espoir pour demain. Il est temps de passer à l'action ! La meilleure façon de prédire l'avenir est de le créer. Prenez donc le temps de créer votre « tableau de vision » : un *patchwork* d'images, de mots forts et de citations représentant l'avenir dont vous rêvez. Il sera toujours plus facile de vivre la vie de vos rêves si vous avez déjà pris le temps de rêver votre vie !

QUELLE EST MA VISION DE LA VIE IDÉALE ?

Que ce soit par vocation, par obligation ou par défaut, le choix de votre vie professionnelle n'a peut-être pas pu prévoir, au départ, la nature et l'évolution de vos relations professionnelles, ni de vos missions, de vos conditions de travail ou de votre niveau de rémunération. À l'heure actuelle, vous êtes peut-être à bout face aux potins, aux conflits internes, au manque de communication, de respect, de reconnaissance ou de professionnalisme des uns, ou face aux excès d'orgueil, de manipulation ou de pression des autres. Vous rêvez peut-être d'exercer votre métier dans de meilleures conditions ou dans un environnement plus sensé ou enthousiaste, entouré de personnes sincères, coopératives, bienveillantes et efficaces.

Si vous voulez vraiment vous libérer de cette pression, de ce stress professionnel, il y a toujours une solution, et vous trouverez les moyens de lâcher prise dans votre vie professionnelle pour mieux vous y épanouir.

À la vie, à la mort

Si, pour certains, la mort fait partie de la vie, pour d'autres, la peur de mourir peut même leur gâcher la vie. Et si vous vous sentez concerné par cette peur, s'il vous arrive régulièrement le soir de vous coucher avec la peur de ne jamais vous réveiller, ou de partir en voyage avec la boule au ventre, craignant de ne jamais revenir, il est temps de lâcher prise ! Libérez-vous de toute cette pression liée à la mort et trouvez des clés pour enfin profiter pleinement de la vie, tout en acceptant sereinement qu'elle prendra bien fin un jour.

Méditation positive de la vie

La mort frappera inéluctablement à votre porte un jour. Mais quand ? Personne ne peut le savoir. Alors lâchez prise sur la peur de sa venue prochaine. Et, en attendant, profitez plutôt de chaque instant, car chaque jour compte, qu'il vous en reste un ou des centaines. La méditation qui suit vous invite à poser l'intention positive de choisir de faire de votre vie la plus belle vie possible. Ce choix vous appartient, à vous et à vous seul. Faites le bon choix !

En pratique :

- *Voir le protocole de méditation p. 12.*
- *Pour l'étape 5, concentrez-vous sur votre intention positive du moment : « Tant que je suis en vie, ma vie m'appartient, à moi de choisir d'en faire une belle vie ! »*

Mon testament positif

Un jour viendra où vous ne serez plus en vie, c'est certain. Et pour que, ce jour-là, vous puissiez quitter votre vie le plus sereinement possible, l'idéal est d'avoir le sentiment que tout sera facilité pour vos proches, qu'ils ne se sentiront ni trahis, ni abandonnés. Pour vous permettre de mourir en paix et ce, à n'importe quel moment, écrivez dès maintenant une forme de testament positif, non pas pour léguer vos biens matériels, mais pour léguer votre amour, vos valeurs et votre gratitude… En préparant votre mort paisible, vous pourrez ainsi vivre, d'ici là, beaucoup plus paisiblement aussi !

L'adaptation hédonique

Des recherches ont démontré que quels que soient les événements que nous sommes amenés à traverser, gagner au Loto® ou devenir tétraplégique, mettre au monde un enfant ou voir l'un de nos proches mourir, nous mettons en moyenne environ 18 mois maximum à retrouver le niveau de bonheur que nous avions avant cet événement : on parle de l'adaptation hédonique. Alors gardez bien en tête deux priorités : élever et maintenir votre niveau de bonheur pour le retrouver quoi qu'il arrive, même si l'un de vos proches venait à mourir, mais aussi contribuer au bonheur de vos proches, pour qu'ils puissent également le retrouver au plus haut niveau, même s'il vous arrivait malheur à vous. Que pourriez-vous faire dès aujourd'hui pour combler votre bonheur ou celui de l'un de vos proches ?

Pas de regrets !

Que regretteriez-vous le plus en mourant demain ? Quels seraient vos principaux regrets ? Prenez une feuille et écrivez « regrets » en haut, puis faites une liste de ces potentiels futurs regrets. Et, pour terminer, rayez le mot « regrets » et écrivez à la place en plus gros et plus coloré le mot « objectifs ». Pour le moment, vous êtes en vie, alors faites en sorte de vivre une vie qui diminuera le nombre de regrets que vous pourriez avoir le jour où vous devrez la quitter !

Respirez la joie de vivre

Nous ne pouvons au même instant ressentir deux émotions opposées. Aussi, pour diminuer le temps de ressenti de la peur de mourir, vous pouvez opter pour l'augmentation du temps de ressenti de la joie de vivre. Pour cela, durant quelques jours, chaque matin au réveil, prenez 1 minute pour un nouveau petit rituel. Debout, la tête bien haute, le sourire aux lèvres, les yeux fermés, prenez trois profondes respirations en pensant très fortement dans votre tête, à chaque inspiration : « J'inspire la joie de vivre. » Et laissez circuler cet air empli de joie et de vie dans tout votre corps, puis expirez doucement pour reprendre votre souffle. Une minute par jour suffit pour donner le ton de la journée et habituer votre corps (et votre esprit) à respirer la joie de vivre.

5 MINUTES

IL EST TEMPS DE PASSER À L'ACTION !

Si la simple idée de passer à côté d'un cimetière vous fait froid dans le dos ou que vous évitez toutes les expressions comme « À la vie à la mort ! » ou « Tu as une tête d'enterrement aujourd'hui ! », c'est qu'il est vraiment temps de passer à l'action. Prenez votre courage à deux mains et, accompagné d'une personne qui aime la vie, allez visiter un cimetière. Prenez le temps de regarder les personnes vivantes qui s'y promènent, le sourire même de certains, l'insouciance d'autres, vous finirez par voir à quel point la vie et la mort peuvent s'entremêler et que, quoi qu'il arrive, ça ne fera pas arriver votre mort plus rapidement. Au contraire, cela peut vous aider à vouloir croquer la vie à pleines dents ! Et pourquoi pas, ensuite, aller visiter une maternité ?

Lâcher prise sur… le lâcher-prise

Si vous avez ce livre entre les mains, c'est justement parce que vous aviez, d'une certaine façon, envie de prendre votre vie en main et vous libérer de tout ce qui peut vous freiner au quotidien. Vous voulez lâcher prise, mais en même temps, vous cherchez le moyen de garder le contrôle pour y parvenir… Arrivé au bout du chemin, il est temps aussi de… lâcher prise sur le lâcher-prise ! À travers cette séance, vous allez enfin vous libérer de toute cette pression du lâcher-prise et trouver des clés pour faire confiance à la vie et en profiter tout simplement sereinement.

Méditation positive de l'accueil de ma vie

Cette séance est un peu particulière, car c'est la dernière et, en ce sens, elle va vous accompagner pour reprendre le cours de votre vie de façon autonome. Vous allez à la fois devoir lâcher prise sur ce livre et utiliser les clés que vous y avez trouvées, mais aussi, tout simplement, voler de vos propres ailes et accueillir tout ce qui va découler de ces temps de réflexion dans votre vie au quotidien. Cette dernière méditation vous invite donc à poser l'intention positive de rester ouvert à tout à partir de maintenant et d'accueillir tout ce qui se produira dans votre vie, le pire comme le meilleur, le plus évident comme le plus surprenant !

En pratique :

› *Voir le protocole de méditation p. 12.*

› *Pour l'étape 5, concentrez-vous sur votre intention positive du moment : « À partir d'aujourd'hui, j'accueille tout simplement ma vie ! »*

J'apprécie mon corps

Lâchez prise sur toute forme de contrôle, de pensée ou d'attente et posez simplement l'intention d'être à l'écoute, d'observer, d'être attentif à votre corps, votre respiration, votre faim, votre forme physique, vos tensions comme votre vitalité, vos douleurs comme vos douceurs, etc.

Un seul objectif pour vous : accueillir et apprécier le tout avec bienveillance !

J'apprécie mon esprit

Lâchez prise sur toute forme de contrôle, de pensée ou d'attente et posez simplement l'intention d'être à l'écoute, d'observer, d'être attentif à vos pensées, vos paroles, vos intentions, vos questionnements, vos réflexions, vos souvenirs, vos projections, vos rêveries, etc.

Un seul objectif pour vous : accueillir et apprécier le tout avec bienveillance !

J'apprécie mon cœur

Lâchez prise sur toute forme de contrôle, de pensée ou d'attente et posez simplement l'intention d'être à l'écoute, d'observer, d'être attentif à vos émotions, vos ressentis, vos sensations émotionnelles, vos pulsions, vos frissons, vos joies comme vos peines, vos colères comme vos émerveillements, etc.

Un seul objectif pour vous : accueillir et apprécier le tout avec bienveillance !

J'apprécie ma vie !

Lâchez prise sur toute forme de contrôle, de pensée ou d'attente et posez simplement l'intention d'être à l'écoute, d'observer, d'être attentif à vous-même comme aux autres, à votre corps, votre esprit et vos émotions, à votre environnement, à tout ce qui vous entoure, à tout ce que vous vivez concrètement comme intérieurement, à votre vie de façon générale, avec ses hauts et ses bas, ses merveilles et ses imperfections.

Un seul objectif pour vous : accueillir et apprécier le tout avec bienveillance !

5 MINUTES

IL EST TEMPS DE PASSER À L'ACTION !

Lâcher prise sur le lâcher-prise ? D'accord, mais comment ? Que faire ? Ou ne pas faire ? STOP ! Arrêtez de réfléchir ! Suite aux nombreuses expérimentations et réflexions quotidiennes, il est temps de respirer un bon coup et de vous offrir par exemple une semaine entière sans rien prévoir, en laissant défiler le temps, en accueillant vos nouvelles habitudes qui resteront d'elles-mêmes ou au contraire les anciennes qui reviendront naturellement. Soyez simplement prêt à accueillir avec bienveillance vos pensées, vos émotions, vos relations, ainsi que tout ce que la vie mettra sur votre chemin et vos réactions face aux différents événements. Faites confiance à la vie et savourez tout ce qui est appréciable !

Chapitre 5

Sept dernières clés pour lâcher prise et s'épanouir

Bravo, vous avez réussi à « tenir bon » jusqu'à cette dernière page ! Comme quoi, le lâcher-prise n'est pas toujours la solution. Pour vous épanouir pleinement, vous pouvez maîtriser parfaitement l'art du lâcher-prise, mais cela ne suffira pas. Imaginez une personne qui prend de la distance sur tout et qui accepte tout sereinement, parvenant facilement à changer de direction d'avis ou d'émotion. Est-ce votre représentation du bonheur ? Oui, mais à la seule condition d'y ajouter quelques petits ingrédients qui permettent de profiter de la vie. Voici sept dernières clés indispensables pour vous permettre de vivre une vie épanouie !

CLÉ N° 1 : ENTRETENEZ VOTRE CONFIANCE EN VOUS

Veillez à croire en vous, en vos capacités, en vos valeurs, en vos choix ! Lâchez prise sur les peurs et les obstacles qui vous empêchent d'avoir cette confiance en vous, mais tenez bon, surtout, pour développer, maintenir et renforcer cette confiance.

CLÉ N° 2 : ENTRETENEZ VOTRE BIENVEILLANCE

Veillez à rester dans une intention permanente de vouloir du bien, pour vous, pour les autres, pour le monde. Lâchez prise sur les tentations de vous écarter de ce chemin, mais tenez bon pour préserver votre bienveillance en toute occasion.

CLÉ N° 3 : ENTRETENEZ VOTRE OPTIMISME

Veillez à croire en l'avenir, en votre capacité à influencer votre vie, en l'impact du positif sur vous, sur les autres et sur le monde. Lâchez prise face aux difficultés et imperfections inévitables, mais continuez à penser que le meilleur reste à venir !

CLÉ N° 4 : ENTRETENEZ VOTRE AMOUR DES AUTRES

Veillez à rester dans l'amour des autres pour mieux leur donner, mieux les comprendre, mieux les accepter, mieux les aimer, et être aimé en retour. Lâchez prise sur leurs imperfections et sur vos attentes vis-à-vis d'eux et mettez plutôt votre énergie dans le maintien de votre amour pour eux !

CLÉ N° 5 : ENTRETENEZ VOTRE PERSÉVÉRANCE

Veillez à trouver le juste équilibre entre la persévérance et le lâcher-prise. Lâchez prise lorsque cela semble nécessaire pour continuer à tenir bon, mais tenez bon tout de même suffisamment avant de lâcher prise pour avancer !

CLÉ N° 6 : ENTRETENEZ VOTRE PLAISIR DE VIVRE

Veillez à profiter, chaque jour, de chaque instant dans le plaisir. Lâchez prise sur les émotions qui vous empêchent de rire, de vous émerveiller, de vous enthousiasmer, d'aimer ou de ressentir de la gratitude, et ouvrez votre corps à toutes ces belles émotions !

CLÉ N° 7 : ENTRETENEZ LE SENS QUE VOUS DONNEZ À VOTRE VIE

Veillez à trouver du sens à votre vie, à vos actions, à vos décisions ou à vos relations. Lâchez prise sur ce qui vous semble totalement vide de sens et mettez votre cœur à l'ouvrage sur tout ce qui en vaut réellement la peine, ce qui a vraiment du sens pour vous !

Lâcher prise, c'est avoir moins peur pour aimer davantage.

Alors aimons davantage pour mieux lâcher prise !

TABLE DES MATIÈRES

Recevez 7 méditations positives guidées pour le soir : une par jour, du lundi au dimanche ! Ces quelques minutes vous permettront de vous libérer des tensions de la journée et vous accompagneront vers une nuit agréable et ressourçante.

Flashez cette page et retrouvez-les via notre application Marque-Page ou téléchargez-les sur la page :

http://quotidienmalin.com/lacher-prise-meditations

MARQUE-PAGE

Séances audio, vidéos explicatives, interviews, liens... Nos livres s'animent désormais grâce à des contenus digitaux exclusifs ! Il vous suffit d'ouvrir l'application pour scanner la page du livre, et vous découvrirez alors des contenus originaux pour aller encore plus loin dans la lecture de nos livres.

Comment ça marche ?

Marque-Page vous permet de flasher les livres des éditions Leduc.s.

- Téléchargez l'application et ouvrez-la
- Flashez les pages de nos livres où apparaît le logo « Marque-Page »
- Découvrez des contenus exclusifs directement sur votre smartphone ou votre tablette !

Télécharger dans App Store

Disponible sur Google play

Dans la même collection

192 pages

6 €

Achevé d'imprimer en Espagne
par BlackPrint CIP Ibérica S.L.
Sant Andreu de la Braca (08740)
Dépôt légal : septembre 2017